VEGETARISCH

die 165 besten Rezepte,
die jeden zum Vegetarier machen

Fleischlos glücklich

Vegetarisch zu kochen und zu essen, ist mehr denn je im Trend – keine Spur mehr von altem Schrot und Korn.

MODERN VEGETARISCH Vorbei die Zeiten, in denen zu einer »anständigen« warmen Mahlzeit der Braten oder das Steak gehörten, und Gemüse bestenfalls dekorative Beilage war. Es hat sich inzwischen ja auch herumgesprochen, dass die moderne vegetarische Küche köstlich schmeckt und viel Abwechslung auf den Teller bringt. Genuss und Gesundheit schließen sich nicht aus, im Gegenteil, man bekommt Lust auf mehr. Vegetarisches sorgt für körperliche Vitalität und geistige Leistungsfähigkeit. Viele Studien haben eindeutig bewiesen, dass, wer sich ausgewogen – ganz oder überwiegend fleischlos – ernährt, sogar seltener übergewichtig und krank ist.

POWER AUS DER NATUR Sekundäre Pflanzenstoffe sind als natürliche Farb-, Duft- und Geschmacksstoffe in Obst, Gemüse, Kräutern, Hülsenfrüchten, Getreide, Nüssen und Samen enthalten. Bis heute hat man etwa 10 000 dieser Substanzen in unseren Lebensmitteln entdeckt. Diese hochwirksamen Stoffe sollten nach Meinung der Experten ganz oben auf der »Gesundheitsliste« stehen, denn sie stärken unter anderem unser Immunsystem, unterdrücken Bakterien und Viren, senken den Blutdruck sowie das Gefäß schädigende Cholesterin und können sogar Krebs vorbeugen.

FLEISCHVERZICHT allein genügt jedoch nicht. Vegetarisch leben heißt nicht, einfach nur das Fleisch wegzulassen und ansonsten weiterzuessen wie vorher – es heißt vielmehr auch, bewusster zu leben. Vor allem Eiweiß ist für den Körper ein lebenswichtiger Nährstoff. Nicht nur Fleisch zählt zu den guten Eiweißlieferanten. So bietet z. B. die Kombination von Kartoffeln und Eiern den absolut höchsten Eiweißwert. Auch Hülsenfrüchte, wie Linsen, Bohnen und Erbsen sowie Tofu, und alle Milchprodukte können Fleisch als Eiweißlieferanten locker ersetzen.

So frisch wie möglich

Wer vegetarisch kocht, muss beachten, dass Obst, Kräuter und Gemüse Vitamine stark abbauen, wenn sie länger liegen.

EINKAUFEN Gemüse, Salate, Pilze, Kräuter und Obst sollten so frisch und hochwertig wie möglich sein, weil Frische und Qualität gleichermaßen die Optik, den Genuss und die Gesundheit beeinflussen. Kaufen Sie nur so viel ein, wie Sie gerade für drei bis vier Tage brauchen, damit nichts alt wird. Richten Sie sich am besten nach den Jahreszeiten, denn dann sind Obst und Gemüse preiswert und enthalten ein Maximum an Aroma und gesundheitsfördernden Inhaltsstoffen. Tiefgekühltes ist eine gute Alternative zu frischem Obst, Gemüse und Kräutern – gerade dann, wenn es keine topfrische Ware gibt oder in der Küche schnell gehen muss.

LAGERTIPPS Sofort nach der Ernte beginnen pflanzliche Lebensmittel durch Einfluss von Licht, Wärme und Sauerstoff zu altern und Vitalstoffe gehen verloren. Darum alles Frische möglichst rasch verzehren. Gemüse und Blattsalate gleich nach dem Einkauf getrennt und luftig verpackt ins Gemüsefach des Kühlschranks legen. Auberginen, Gurken, Paprikaschoten, Zucchini und Tomaten mögen jedoch keine Kälte. Kräuter in verschließbaren Frischhaltebeuteln im Kühlschrank aufbewahren. Obst maximal zwei Tage im Gemüsefach des Kühlschranks lagern. Zitrusfrüchte, Melonen und Bananen gehören nicht in den Kühlschrank, sondern an einen kühlen Ort.

VORRATSHALTUNG In der vegetarischen Küche spielen Getreide, Samen, Nüsse, Hülsenfrüchte und Gewürze eine große Rolle. Lagern Sie diese Vorräte im Schrank – wenn es geht in der Speisekammer oder im Keller. Wenn Sie die Vorräte in der Küche aufbewahren, suchen Sie sich die kühlste Ecke aus – also besser nicht direkt neben dem Backofen. Auch trockene Lebensmittel können verderben oder von lästigen Mehlmotten befallen werden – lagern Sie deshalb keine zu großen Vorräte ein. Schraubgläser sind eine Barriere gegen Schädlinge, wenn die Vorräte gleich nach dem Kauf abgefüllt werden. Und: Kontrollieren Sie regelmäßig Ihre Vorräte.

Obst

	Saison | die besten Monate J	F	M	A	M	J	J	A	S	O	N	D	besonders reich an *	Tipp
Ananas	■	■	■	■					■	■	■	■	Mg	reife duften, lassen sich nicht lange lagern
Äpfel	■	■	■						■	■	■	■	Vit. C	nicht neben Bananen lagern
Aprikosen						■	■	■					Provit. A, Vit. E, sek. PS	reife, feste sind besonders süß
Avocados	■	■	■	■						■	■	■	Vit. E, Vit. C, K, Fett, BS	sollen auf Fingerdruck leicht nachgeben
Bananen	■	■	■	■	■	■	■	■	■	■	■	■	K, Mg, B-Vitamine	mit Punkten auf der Schale vollreif, gleich e
Birnen	■							■	■	■	■	■	BS	kühl und dunkel lagern, weiche gleich esse
Brombeeren							■	■	■				Provit. A, Fols., Vit. C, BS, sek. PS	am Einkaufstag genießen
Erdbeeren				■	■	■	■	■					Fols., Vit. C, Fe	am besten im Juni aus heimischem Anbau
Grapefruits	■	■	■									■	Provit. A, Vit. C, sek. PS	pinkfarbene sind süßer und kaum bitter
Heidelbeeren							■	■					Vit. E, Vit. C, BS, sek. PS	gezüchtete bleiben bis zu 3 Tage frisch
Himbeeren							■	■	■				Vit. C, BS	empfindlich! – gleich genießen oder einfrie
Honigmelonen							■	■	■	■			Provit. A, B-Vitamine, Fols., Vit. C, K	aromatische duften angenehm
Johannisbeeren								■	■				Vit. C, BS	mit einer Gabel von der Rispe streifen
Kirschen						■	■	■					Fols., Vit. C, sek. PS	empfindlich! – im Kühlschrank max. 2 Tage
Kiwis	■	■	■	■	■	■	■	■	■	■	■	■	Vit. C, Ca	halten im Kühlschrank 3–4 Wochen
Mangos					■	■							Provit. A, Vit. E, Fols.	nie im Kühlschrank lagern
Mandarinen Clementinen Satsumas	■	■									■	■	Provit. A, Vit. B1, Ca, sek. PS	nicht im Kühlschrank aufbewahren
Mirabellen								■	■				Provit. A	bald genießen
Nektarinen							■	■					Provit. A	sollen weich, aber nicht matschig sein
Orangen	■	■	■	■						■	■	■	Fols., Vit. B1, Vit. C, Ca	sind matt, wenn nicht mit Wachs behandelt
Pfirsiche						■	■	■					Vit. E	vor dem Reinbeißen sehr gut waschen
Pflaumen							■	■	■				Provit. A, sek. PS	sollten keine grünen Stellen haben
Rhabarber					■	■							Vit. C, K	frische Stangen sind schön fest
Wassermelone						■	■	■	■				Provit. A, B-Vitamine	gekühlt genießen
Weintrauben							■	■	■	■	■		Fols., sek. PS	am besten gleich genießen
Zitronen	■	■	■	■	■	■	■	■	■	■	■	■	Vit. C, Mg	nur Bio-Ware ist gänzlich unbehandelt
Zwetschgen							■	■	■				sek. PS	am besten am Einkaufstag verarbeiten

Salate

	Saison | die besten Monate J	F	M	A	M	J	J	A	S	O	N	D	besonders reich an *	Tipp
Batavia-Salat					■	■	■	■	■				Provit. A, Fols.	je dunkler gefärbt, desto würziger
Chinakohl	■	■	■						■	■	■	■	Fols., Vit. C	im Gemüsefach mindestens 2 Wochen haltb
Eichblattsalat			■	■	■	■	■	■	■	■			Provit. A, Fols.	darf nur kurz im Kühlschrank lagern
Eisbergsalat			■	■	■	■	■	■	■	■			Provit. A	bleibt im Kühlschrank in Folie knackig
Feldsalat	■	■							■	■	■	■	Provit. A, Vit. C	auch abgepackten sorgfältig waschen
Kopfsalat			■	■	■	■	■	■	■	■			Provit. A, Fols.	feste Köpfe ohne welke Blätter wählen
Lollo rosso			■	■	■	■	■	■	■	■			Provit. A, Fols.	bleibt 1–2 Tage im Gemüsefach frisch
Radicchio							■	■	■	■			Provit. A, Fe	auf knackig frische Außenblätter achten

Gemüse

Gemüse	J	F	M	A	M	J	J	A	S	O	N	D	besonders reich an *	Tipp
Auberginen							■	■	■				Vit. B6, K	harte reifen bei Zimmertemperatur nach
Blumenkohl						■	■	■	■	■			Vit. B6, Fols., Vit. C, K, BS	beim Einkauf auf hellen Strunk achten
Bohnen, grün						■	■	■	■	■			Provit. A, Vit. B6, Fols., Vit. C, K, BS	vor dem Genuss blanchieren
Brokkoli						■	■	■	■	■			Provit. A, Vit. B2, Fols., Vit. C, K, Ca, Fe, BS	soll kräftig grün und fest sein
Champignons	■	■	■	■	■	■	■	■	■	■	■	■	Vit. B2, Fols., K, EW	möglichst nur mit Tuch oder Pinsel säubern
Chicorée	■	■	■							■	■	■	Provit. A	im Kühlschrank bis zu 1 Woche haltbar
Erbsen						■	■	■	■				Provit. A, Vit. B1, Fols., Vit. C, K, Fe, K, EW, BS	frische reifen nach, schnell verbrauchen
Fenchel								■	■	■	■		Provit. A, Vit. E, Vit. B1, Fols., Vit. C, K, Mg, Fe, BS, sek. PS	Schnittflächen dürfen nicht trocken aussehen
Frühlingszwiebeln				■	■	■	■	■	■	■	■		Fe, sek. PS	beim Kauf auf sattes, kräftiges Grün achten
Kartoffeln	■	■	■	■	■	■	■	■	■	■	■	■	B-Vitamine, K	keimen bei Licht: kühl und dunkel lagern
Knoblauch	■	■	■	■	■	■	■	■	■	■	■	■	sek. PS	je frischer, desto milder
Kohlrabi					■	■	■	■	■	■			Provit. A, Fols., Vit. C, K, Mg	bleibt im Kühlschrank max. 3 Tage knackig
Kürbis								■	■	■	■		Provit. A, Fols., Vit. C, K, sek. PS	auf pralle Schale ohne Flecken achten
Lauch	■	■				■	■	■	■	■	■	■	Provit. A, Vit. B6, Fols., Vit. C,	welkt rasch, nur kurz im Kühlschrank lagern
Mangold						■	■	■	■				Provit. A, Vit. E, Fols., Vit. C, K, Ca, Fe	weiße Stiele sollen ohne braune Stellen sein
Möhren	■	■	■	■	■	■	■	■	■	■	■	■	Provit. A, K, Fe, BS, sek. PS	Bundmöhren schnell verbrauchen
Paprikaschoten							■	■	■	■			Vit. E, Vit. B6, Vit. C, BS	am besten aus dem Freiland im Herbst
Rettich Radieschen					■	■	■	■	■	■			Fols., Vit. C, K, sek. PS	knackige haben sattgrüne Blättchen
Rosenkohl	■	■								■	■	■	Provit. A, Vit. B6, Fols., Vit. C, K, BS, sek. PS	Röschen müssen fest geschlossen sein
Rotkohl	■	■							■	■	■	■	Vit. E, Fols., Vit., C, K, BS, sek. PS	unkompliziert und lange haltbar
Salatgurken						■	■	■	■	■			Provit. A, Fols., Vit. C	im Winter lieber drauf verzichten
Spargel				■	■	■							Vit. E, Fols., Vit. C, K, sek. PS	soll beim Aneinanderreiben quietschen
Spinat				■	■	■	■	■	■				Provit. A, Vit. E, B-Vitamine, Fols., Vit. C, K, Ca, Mg, Fe	in feuchtem Tuch im Gemüsefach lagern
Spitzkohl					■	■			■	■	■		Fols., Vit. C, BS, sek. PS	im Gemüsefach 5–6 Tage haltbar
Staudensellerie						■	■	■	■	■			Provit. A, K, BS	hält im Kühlschrank in Folie 10 Tage
Tomaten				■	■	■	■	■	■	■	■		Provit. A, Fols., Vit. C, K	im Spätsommer aus heimischem Anbau
Weißkohl							■	■	■	■	■		Vit. E, Fols., Vit. C, BS	kühl gelagert lange haltbar
Wirsing					■	■			■	■	■		Vit. E, Vit. B6, Fols., Vit. C, K, BS	Sommerwirsing ist zarter und weniger herb
Zucchini						■	■	■	■	■	■		Provit. A, Fols., Vit. C, K, Fe	kleine, feste mit makelloser Schale kaufen
Zuckerschoten						■	■						B-Vitamine, Fe, BS	am besten nicht lange lagern
Zwiebeln	■	■	■	■	■	■	■	■	■	■	■	■	Fols., Vit. C, sek. PS	kühl, trocken, nicht in Plastiktüte lagern

Saison | die besten Monate

★ANMERKUNG: Die oben genannten Inhaltsstoffe sind im Vergleich mit anderen Gemüse- bzw. Obstsorten besonders erwähnenswert. Damit wird jedoch keine Aussage über die enthaltene absolute Menge getroffen.

ABKÜRZUNGEN: Vit. = Vitamin | Provit. = Provitamin (Vitaminvorstufe) | Fols. = Folsäure | K = Kalium | Ca = Calcium | Mg = Magnesium | Fe = Eisen | EW = Eiweiß | BS = Ballaststoffe | sek. PS = sekundäre Pflanzenstoffe

Praktische Küchenhelfer

Frisches Obst und Gemüse erst waschen, dann putzen und klein schneiden. Alles Weitere machen unsere kleinen Helfer…

WASCHEN UND SCHNEIDEN

Festes Gemüse verträgt eine Abreibung mit der Gemüsebürste, zarteres Obst nur eine sanfte Dusche. Zum Zerkleinern sind als Basisausrüstung ein Schneidebrett und ein Gemüsemesser wichtig. Ebenso Reiben zum Raspeln und ein Gemüsehobel.

WÜRZEN

Ein Mörser ist unerlässlich für Würzkompositionen und zum Anrühren von Würzpasten. Bei Gewürzmühlen genügt ein kurzer Dreh und Trockenkräuter oder Pfeffer sowie getrocknete Chilischoten geben dem Gericht viel Aroma.

DEKORIEREN

Mit einem Kugelausstecher lassen sich Obst und Gemüse noch hübscher servieren. Ein Julienneschneider (auch Zestenreißer) schneidet aus festem Gemüse feine Locken, aus Zitrusschalen feinste Streifchen.

HELFER ZUM KOCHEN

In einem Gemüsetopf mit Dämpfeinsatz oder einem asiatischen Bambuskörbchen wird zartes Gemüse schonend gegart. Im Handumdrehen püriert ein Stabmixer cremige Suppen und Saucen sowie fruchtige Desserts. Eine klassische Küchenhilfe ist die Flotte Lotte zum Durchpassieren von gekochtem Gemüse und rohen Tomaten. Im Wok lässt sich Kleingeschnittenes minutenschnell garen, dämpfen, schmoren oder frittieren. Alufolie, Pergamentpapier und Bratbeutel – auch das sind kleine Helfer, um Gemüse & Co. schonend zu garen.

DÜNSTEN

Für Gemüse eine optimale Methode, denn das Garen im eigenen Saft oder mit wenig Flüssigkeit bei einer Temperatur um 100° schont nicht nur wertvolle Inhaltsstoffe. Auch der typische Eigengeschmack der Zutaten und ihre Farbe bleiben erhalten. Dünsten können Sie in einem Topf, dessen Boden gut die Wärme leitet, im Tontopf oder in der Folie im Backofen (geeignet sind Bratbeutel, Alufolie oder Pergamentpapier).

DÄMPFEN

Nicht im, sondern über dem kochenden Wasser gart das Gemüse: Der aufsteigende Wasserdampf sorgt für die nötige Hitze. Biss, Farbe, Vitamine und Mineralstoffe bleiben in hohem Maße erhalten – die ideale Garmethode für eine (fast) fettfreie Ernährung. Nachteil des Dämpfens ist eine relativ lange Garzeit. In einem dicht schließenden Topf etwa 3 cm hoch Flüssigkeit erhitzen und das Dampfgut in einem Siebeinsatz garen.

BRATEN UND FRITTIEREN

Das Gemüse in wenig Fett bei starker Hitze kurz rundherum bräunen. Dann das Gargut bei schwacher Hitze fertig garen. Den Bratsatz können Sie eventuell mit etwas Flüssigkeit unter Rühren loskochen und als Sauce zubereiten. Diese Methode lässt sich auch gut im Wok anwenden, dabei bleibt das Gemüse besonders knackig. Im Wok können Sie Gemüse auch besonders gut frittieren. Durch seine Form bietet er reichlich Platz fürs Frittiergut.

SCHMOREN

Das Schmorgut in wenig heißem Fett anbraten. Dann mit etwas Flüssigkeit ablöschen und zugedeckt bei schwacher Hitze langsam garen. Gefülltes Gemüse wird auf diese Weise besonders aromatisch.

KOCHEN

Kräftige Suppen und Eintöpfe werden gekocht. Die Zutaten werden eventuell vorher angedünstet, gewürzt und mit viel Flüssigkeit aufgefüllt. Dann aufkochen lassen und zugedeckt bei schwacher Hitze garen.

GAREN IM BACKOFEN

In der gleichmäßigen Hitze des Ofens gelingen herzhafte und süße Aufläufe ebenso wie Pizza. Bei starker Hitze lassen sich Kartoffel-, Getreide- und Gemüsegerichte schnell mit Käse knusprig überbacken.

QUICHE OHNE BODEN

250 g Quark mit 1 Ei verquirlen. 1 Zwiebel schälen und hacken. 100 g rote Paprikaschote oder 100 g Zucchini putzen und in kleine Würfel schneiden. Die Zwiebel und das Gemüse zur Quarkmasse geben, mit Salz, Pfeffer und Paprikapulver würzen. Die Masse in eine gefettete feuerfeste Form geben und 20 Min. bei 180° (Mitte, Umluft 160°) backen. Vor dem Servieren mit Schnittlauchröllchen bestreuen.

MOHNSPÄTZLE

Aus 125 g Mehl, 2 Eiern, Salz, Pfeffer und 2–3 EL Wasser einen glatten, nicht zu flüssigen Teig rühren. 1 gehäuften EL frisch gemahlenen Mohn, die abgeriebene Schale von ½ Bio-Zitrone und 1 EL fein gehackte Zitronenmelisse hinzufügen. Den Teig so lange schlagen, bis er Blasen wirft. Durch eine Spätzlepresse in kochendes Salzwasser drücken und bei mittlerer Hitze ziehen lassen. Die Spätzle sind gar, wenn sie an der Oberfläche schwimmen. Spätzle dann mit einem Schaumlöffel herausheben und in heißer Gemüsebrühe oder mit einer leichten Sauce servieren.

AVOCADOTORTILLA

Den Backofen auf 200° vorheizen. 4 Weizentortillas (Fertigprodukt) in eine Pizzaform (28 cm ∅) legen, eventuell zuschneiden. 2 Avocados schälen, vom Kern befreien und in Würfel schneiden. 2 Fleischtomaten waschen, vom Stielansatz befreien und ebenfalls würfeln. 150 g Gouda reiben und mit 300 g Joghurt vermengen. 3 Eier, die Tomaten- und Avocadowürfel zugeben und untermischen. Mit Salz, Pfeffer und Cayennepfeffer würzen. Die Mischung auf den Tortillas verteilen. Im Backofen (unten, Umluft 180°) 40–45 Min. überbacken.

GURKENBROT MIT PAPRIKATATAR

1 kleines Stück Salatgurke waschen, in feine Scheiben schneiden. 2 Scheiben Vollkornbrot oder Mischbrot dünn mit Butter oder Mayonnaise bestreichen und mit den Gurkenscheiben belegen, leicht salzen. 100 g gehäutete rote Paprikaschoten (aus dem Glas) mit 100 g Schafkäse (Feta) fein hacken. ½ Bund Schnittlauch waschen, trocken schütteln und in Röllchen schneiden. Mit 1 EL Joghurt unter Käse und Paprika mischen. Das Tatar mit edelsüßem Paprikapulver und wenig Salz abschmecken und auf den Gurken verteilen.

GNOCCHI MIT TOMATEN-SALBEI-SAUCE

800 g Gnocchi (aus dem Kühlregal) ungekocht in 3 EL Olivenöl 3–4 Min. goldbraun anbraten und herausnehmen. Je 1 Zwiebel und Knoblauchzehe schälen und fein hacken und in 1 EL Olivenöl glasig dünsten. 2 Dosen stückige Tomaten (à 400 g Inhalt) und 6 gewaschene und in Streifen geschnittene Salbeiblätter zufügen. In 10 Min. bei mittlerer Hitze dicklich einkochen. Mit Salz und Pfeffer abschmecken. Die Gnocchi mit der Sauce anrichten und mit Parmesan bestreut servieren.

GEBRATENE MAULTASCHEN

600 g Maultaschen (aus dem Kühlregal) nach Packungsanweisung in reichlich kochendem Salzwasser garen. 400 g Möhren schälen und in Streifen schneiden. 1 Bund Frühlingszwiebeln putzen, waschen und in feine Ringe schneiden. 400 g kleine Champignons trocken abreiben, putzen und halbieren. Das Gemüse in 1 EL Öl und 2 EL Butter 5 Min. dünsten. Die Maultaschen abgießen, in Streifen schneiden und unter das Gemüse mischen. Noch 5 Min. braten und mit Salz und Pfeffer abschmecken. Zum Servieren 2 EL Schnittlauchröllchen aufstreuen.

SOJANESE

1 Zwiebel | 1 Knoblauchzehe | je 1 kleine gelbe und rote Paprikaschote | 1 rote Chilischote | 8 Zweige Thymian | 2 EL Olivenöl | 1 Dose stückige Tomaten (400 g Inhalt) | Salz | Pfeffer | 1 Dose Mais (280 g Abtropfgewicht) | 100 g mit Paprika gefüllte Oliven | 150 ml Gemüsebrühe | 100 g Sojaschrot (aus dem Reformhaus)

1 Zwiebel und Knoblauchzehe schälen und hacken. Die Paprikaschoten putzen, waschen und 1 cm groß würfeln. Die Chilischote entkernen und fein hacken. Den Thymian waschen, trocken schütteln und die Blättchen hacken.

2 Das Olivenöl in einem Topf erhitzen, Zwiebel und Knoblauch darin andünsten. Die Paprikawürfel und Chili zugeben und 2 Min. mitdünsten. Die Tomaten und den Thymian unterrühren und salzen und pfeffern. Bei kleiner Hitze zugedeckt 15 Min. garen.

3 Den Mais abtropfen lassen und die Oliven in Ringe schneiden. Die Gemüsebrühe, den Mais, die Oliven und Sojaschrot unter die Sauce rühren und weitere 10–12 Min. offen köcheln lassen.

VEGGIBURGER

2 Dosen Kichererbsen (à 265 g Abtropfgewicht) | 3 EL Sesamsamen | 1 große Zwiebel | 2 Knoblauchzehen | 1 EL Senf | Salz | frisch gemahlener Pfeffer | 2 TL gemahlener Kreuzkümmel | 4 Msp. Cayennepfeffer | 50 g Semmelbrösel | 2 EL Öl

1 Die Kichererbsen in einem Sieb abtropfen lassen. Die Sesamsamen in der Pfanne trocken rösten, bis sie duften. Die Zwiebel schälen und in Würfel schneiden. Knoblauch schälen und hacken.

2 Die Kichererbsen mit dem Sesam, Zwiebel und Knoblauch im Mixer pürieren. Die Masse mit Senf, Salz, Pfeffer, Kreuzkümmel und Cayennepfeffer kräftig würzen. Semmelbrösel in die Masse einarbeiten.

3 Aus der Masse 8 Burger formen und rundum mit Öl bestreichen. Die Veggiburger pro Seite etwa 4 Min. grillen oder in einer mit Öl erhitzten Pfanne braten.

SERVIER-TIPP

Für das richtige Burger-Feeling werden die Veggiburger jeweils mit einem Salatblatt, einer Scheibe Tomate, einer Gurkenscheibe und Tomatenketchup auf ein Burger-Brötchen gelegt und noch heiß serviert.

TOMATEN MIT COUSCOUSFÜLLUNG

150 g Couscous | 1 Bund Frühlingszwiebeln | 1 kleiner Zucchino (150 g) | 8 große runde Tomaten (oder 4 Fleischtomaten) | 4 EL Olivenöl | 1 Ei | 4 EL geriebener Käse | 1 TL Harissa (scharfe Paprikapaste) | 1 TL gemahlener Kreuzkümmel | Salz | 100 g Crème fraîche

1 Den Couscous mit 1/8 l Wasser mischen und 15 Min. quellen lassen. Inzwischen die Frühlingszwiebeln putzen, waschen und in feine Ringe schneiden. Den Zucchino waschen, putzen und sehr klein würfeln.

2 Die Tomaten waschen und jeweils einen Deckel abschneiden. Die Tomaten mit einem Teelöffel vorsichtig aushöhlen. Ausgehöhltes und die Deckel fein hacken. Den Couscous mit 2 EL Tomatenhack, 2 EL Öl, 1 EL Zwiebelringen, Zucchiniwürfeln, Ei und Käse mischen. Mit Harissa, Kreuzkümmel und Salz abschmecken und die Masse in die Tomaten füllen.

3 Übriges Öl in einem weiten Topf erhitzen. Restliche Zwiebelringe darin andünsten, übriges Tomatenhack und Crème fraîche dazugeben. Mit Salz abschmecken und die gefüllten Tomaten hineinsetzen. Bei schwacher Hitze zugedeckt 20 Min. schmoren.

SCHWARZWURZELGULASCH

2 rote Zwiebeln | 200 g Kaiserschoten | 300 g Pilze (z. B. Steinpilze, Champignons) | 600 g Schwarzwurzeln | 1 EL Weinessig | 1 EL Rapsöl | 150 ml Gemüsebrühe | 1 Prise frisch geriebene Muskatnuss | Salz | Pfeffer | 4 Stängel Kerbel | 4 EL Schmand

1 Die Zwiebeln schälen und in Streifen schneiden. Die Kaiserschoten waschen, putzen und schräg halbieren. Die Pilze putzen und in Scheiben schneiden. Schwarzwurzeln waschen, schälen (am besten mit einem Einmalhandschuh) und sofort in Essigwasser legen, dann in etwa 5 cm große Stücke schneiden.

2 Das Rapsöl in einem Topf erhitzen und darin die Zwiebeln glasig braten. Die Schwarzwurzeln 5 Min. mitbraten.

3 Die Kaiserschoten und Pilze zu den Schwarzwurzeln geben. Die Gemüsebrühe zugießen, aufkochen lassen und alles 2 Min. köcheln lassen. Mit Muskatnuss, Salz und Pfeffer abschmecken.

4 Den Kerbel waschen und trocken schütteln. Vor dem Servieren auf die angerichteten Teller je 1 EL Schmand geben und das Gericht mit Kerbel dekorieren.

ZUCCHINIPUFFER

500 g junge Zucchini | Salz | 1 Bund Frühlingszwiebeln | 2 Knoblauchzehen | 1 Bund Dill | 5 EL Mehl | 2 Eier | 50 g frisch geriebener Parmesan | Pfeffer | 1 TL rosenscharfes Paprikapulver | 3 EL Olivenöl

1 Die Zucchini waschen, putzen und fein raspeln. Dann salzen und 15–30 Min. Wasser ziehen lassen.

2 Frühlingszwiebeln waschen, putzen und in feine Ringe schneiden. Den Knoblauch schälen und fein hacken. Dill waschen und ebenfalls fein hacken.

3 Zucchiniraspel gut ausdrücken. Mit Zwiebelringen, Knoblauch, Dill, Mehl, Eiern und Käse gründlich verrühren. Mit Salz, Pfeffer und Paprikapulver abschmecken.

4 Das Öl in einer großen Pfanne erhitzen (besser mit zwei Pfannen arbeiten). Aus der Zucchinimasse mit einem Esslöffel Häufchen in die Pfanne setzen und bei mittlerer Hitze 10 Min. braten, dabei einmal wenden.

UND DAZU?

Servieren Sie zu diesen Puffern am besten einen frischen Dip, z.B. aus Joghurt mit Gewürzen. Kartoffelpüree oder ein frischer Salat passen auch gut dazu.

KOHLRABISCHNITZEL

1–2 Kohlrabi (etwa 500 g) | 1 Ei | abgeriebene Schale von 1 Bio-Zitrone | Salz | schwarzer Pfeffer | 100 g Paniermehl (ersatzweise Semmelbrösel) | Öl zum Ausbacken

1 Die Kohlrabi schälen und in etwa 1 cm dicke Scheiben schneiden. Das Ei in einem tiefen Teller mit der Zitronenschale, Salz und Pfeffer verquirlen. Das Paniermehl in einen zweiten tiefen Teller geben.

2 Kohlrabischeiben erst in der Eimasse, dann im Paniermehl wenden. Öl in einer Pfanne erhitzen. Die Kohlrabischeiben bei mittlerer Hitze darin goldbraun braten.

UND DAZU?

Servieren Sie dazu einen Rohkostsalat und Kartoffelpüree oder Pellkartoffeln mit einer Meerrettichsauce.

TIPP

Wer den Kohlrabi lieber weicher haben möchte, kann die Scheiben vor dem Panieren etwa 5 Min. in kochendem Salzwasser blanchieren.

TAUSCH-TIPP

Statt Kohlrabi Knollensellerie oder Aubergine als vegetarisches Schnitzel servieren.

VEGGI-WURST

4 gelbe Zucchini | Salz | 2 Zwiebeln | 2 Knoblauchzehen | 4 EL Olivenöl | Pfeffer | 4 TL Currypulver | 2 Dosen stückige Tomaten (à 400 g Inhalt)

1 Die Zucchini waschen, putzen und in dicke Scheiben schneiden. Dann mit Salz bestreuen und 10–15 Min. Wasser ziehen lassen. Die Zwiebeln und Knoblauch schälen und fein würfeln.

2 Die Zucchini trocken tupfen. Das Öl in einer Pfanne erhitzen und die Zucchini darin bei starker Hitze in 5–6 Min. goldbraun braten. Mit Salz und Pfeffer abschmecken und warm stellen.

3 Zwiebeln und Knoblauch im Bratfett glasig braten. Mit dem Currypulver bestäuben und kurz anschwitzen. Die Tomaten unterrühren. Zugedeckt etwa 7 Min. sanft schmoren. Die Sauce mit den Zucchinischeiben wie eine Currywurst anrichten. Nach Belieben noch mit etwas Currypulver bestreuen.

TAUSCH-TIPP

Im Kühlregal des Supermarkts oder Bioladens gibt es mittlerweile auch Sojawürstchen. Diese lassen sich mit der Tomatensauce von oben auch gut als Currywurst zubereiten.

KOHLROULADEN MIT SCHAFKÄSE

1 Kopf Weißkohl | Salz | 1 große Zwiebel | 200 g Schafkäse (Feta) | 80 g getrocknete in Öl eingelegte Tomaten | 3 EL Rapsöl | 2 EL gemahlene Haselnüsse | Pfeffer | 1 EL Tomatenmark | 150 g mehlig kochende Kartoffeln | ½ TL Kümmelsamen | 700 ml Gemüsebrühe

1 Weißkohl putzen und 8 große Blätter ablösen. Vom Rest 100 g abwiegen, waschen, in feine Streifen schneiden. Blätter an den Mittelrippen abflachen, in kochendem Salzwasser 2 Min. blanchieren. Herausnehmen, kalt abschrecken. Zwiebel schälen, hacken. Käse würfeln, Tomaten abtropfen lassen, Öl auffangen, und streifig schneiden.

2 1 EL Öl in einer großen Pfanne erhitzen. Die Hälfte der Zwiebel und Kohlstreifen andünsten. Etwas abgekühlt mit Tomaten, Nüssen, Käse und Tomatenöl mischen und mit Salz und Pfeffer würzen. Kohlblätter trocken tupfen, salzen und pfeffern. Je 2 Blätter überlappend aufeinanderlegen, Füllung darauf verteilen. Die Blätter seitlich einschlagen und aufrollen. Mit Küchengarn festbinden.

3 Restliches Öl in einem Bräter erhitzen, Rouladen kräftig anbraten. Übrige Zwiebel und Tomatenmark hinzufügen. Kartoffeln schälen, würfeln und mit Kümmel und Brühe unterrühren. Zugedeckt bei schwacher Hitze 40 Min. schmoren. Sauce pürieren und abschmecken.

Snacks, Vorspeisen & Salate

Wenn der kleine Hunger kommt, dann sind sie genau richtig: die köstlichen Snacks, verführerischen Vorspeisen und knackig frischen Salate. Probieren Sie doch mal ein Artischocken-Carpaccio oder einen Spinatsalat …

indische Spezialität/raffiniert

Samosas mit Kartoffelfüllung

Für 24 Stück | ◷ 1 Std. 10 Min. Zubereitungszeit
Pro Stück ca. 135 kcal

Für den Teig: 300 g Mehl | 1 TL Salz | ½ TL gemahlener Kreuzkümmel | 5 EL Öl
Für die Füllung: 200 g vorwiegend festkochende Kartoffeln | 1 grüne Chilischote | 1 Knoblauchzehe | 2 EL Öl | 100 g TK-Erbsen | 2 TL Garam Masala
Für den Dip: 3 grüne Chilischoten | 1 Stück frischer Ingwer (etwa walnussgroß) | 1 rote Zwiebel | 2 EL Minzeblätter | 1 EL Öl | 2 EL Zitronensaft | je ½ TL Salz und Zucker | Öl zum Frittieren | Mehl für die Arbeitsfläche

1 Für den Teig Mehl, Salz, Kreuzkümmel und Öl in eine Schüssel geben. Mit den Fingerspitzen durcharbeiten, bis die Masse krümelig wird. Dann 4–8 EL warmes Wasser dazugeben und kneten, bis ein fester, trockener Teig entsteht. Zu einer Kugel formen und 30 Min. in Klarsichtfolie gewickelt ruhen lassen.

2 Für die Füllung die Kartoffeln schälen und klein würfeln. Die Chilischote längs halbieren, putzen und hacken. Knoblauch schälen und hacken. Das Öl in einer Pfanne erhitzen, Kartoffeln, Chili, Knoblauch und Erbsen darin 2–3 Min. andünsten. 4 EL Wasser und Garam Masala einrühren, zugedeckt 10–15 Min. dünsten, immer wieder umrühren.

3 Für den Dip die Chilischoten waschen, längs halbieren, putzen und hacken. Ingwer und Zwiebel schälen und beides fein hacken. Die Minze waschen, trocken schütteln und hacken. Alles mit Öl, Zitronensaft, Salz und Zucker in ein hohes, schmales Gefäß geben und pürieren. Den Dip in eine Saucenschale füllen.

4 Teig auf wenig Mehl noch einmal durchkneten. Zu einer Rolle formen und in 12 gleich große Stücke schneiden. Jedes mit dem Nudelholz so dünn wie möglich zu einem Kreis ausrollen und halbieren. Auf jede Hälfte etwa 2 TL Füllung setzen, Teig darüberklappen und an den Rändern gut festdrücken. Frittieröl erhitzen, bis an einem hineingehaltenen Holzstäbchen Bläschen aufsteigen. Die Samosas im heißen Öl goldbraun ausbacken, mit Minzedip servieren.

fürs Büfett

Zucchinipuffer mit Hüttenkäse

Für 12 Stück
15 Min. Zubereitungszeit
15 Min. Backen
Pro Portion ca. 35 kcal

1 Kartoffel (60 g)
1 Zucchino (100 g)
1 kleine Zwiebel
1 Eigelb (Größe M)
1 EL (10 g) Speisestärke
Salz | weißer Pfeffer
80 g Hüttenkäse
1 EL Zitronensaft
6 TL Tapenade (französische Olivenpaste; aus dem Glas)
beschichtete Alufolie | Fett für die Folie
Muffinform

1 Backofen auf 225° vorheizen. Kartoffel schälen, waschen und grob raspeln. Zucchino putzen und grob raspeln. Zwiebel schälen und fein würfeln. Vorbereitete Zutaten mit Eigelb und Speisestärke verrühren. Mit Salz und Pfeffer würzen.

2 Masse in die mit gefetteter beschichteter Alufolie ausgelegten Muffinmulden verteilen und jeweils eine Mulde hineindrücken. Im vorgeheizten Ofen (unten, Umluft 200°) etwa 15 Min. backen.

3 Inzwischen Hüttenkäse mit Zitronensaft, Salz und Pfeffer abschmecken. In die Zucchinipuffer füllen. Die Tapenade darauf verteilen.

GETRÄNKE-TIPP

Dazu passt ein trockener Weißwein, z. B. Riesling.

braucht etwas Zeit

Gefüllte Teigtäschchen

Für 16 Stück
50 Min. Zubereitungszeit
30 Min. Ruhen
25 Min. Backen
Pro Stück ca. 90 kcal

Für den Teig
200 g Mehl
Salz
1 EL Öl

Für die Füllung
500 g Blattspinat
3 Frühlingszwiebeln
250 g Ricotta
1 TL abgeriebene Bio-Zitronenschale
1 Ei
Salz
Pfeffer
frisch geriebene Muskatnuss
1 Eigelb und 1 EL Milch zum Bestreichen

1 Das Mehl mit 1 kräftigen Prise Salz und dem Öl in einer Schüssel mischen. Mit ⅛ l lauwarmem Wasser zu einem geschmeidigen Teig verkneten. Zugedeckt bei Zimmertemperatur etwa 30 Min. ruhen lassen.

2 Inzwischen den Spinat verlesen und alle dicken Stiele entfernen. Spinat gründlich waschen und tropfnass in einem Topf bei starker Hitze zugedeckt zusammenfallen lassen. In einem Sieb kalt abschrecken, abtropfen lassen und fein hacken.

3 Die Frühlingszwiebeln waschen, putzen und in feine Ringe schneiden. Den Ricotta mit Spinat, Frühlingszwiebeln, Zitronenschale und Ei verrühren und mit Salz, Pfeffer und Muskat abschmecken.

4 Den Teig noch einmal durchkneten, dann auf wenig Mehl zu einer dünnen Platte ausrollen. In etwa 10 × 10 cm große Quadrate schneiden, jeweils mit etwas Füllung belegen und zu Dreiecken zusammenfalten. Die Ränder mit den Zinken einer Gabel (vorher in Mehl tauchen) zusammendrücken.

5 Den Backofen auf 180° vorheizen. Das Backblech mit Öl bepinseln. Die Teigtaschen nebeneinander darauflegen. Das Eigelb mit der Milch verquirlen und die Teigtaschen damit bepinseln. Teigtaschen im Ofen (Mitte, Umluft 160°) etwa 25 Min. backen, bis sie schön gebräunt sind. Etwas abkühlen lassen.

VARIANTE – TEIGTÄSCHCHEN MIT KÄSE-TOMATEN-FÜLLUNG

Für eine feine Käsefüllung 200 g Doppelrahm-Frischkäse und 100 g geriebenen Pecorino mit 1 Ei mischen. 1 Bund gehacktes Basilikum, 1 klein geschnittene Tomate und 2 TL Kapern untermischen, mit Salz und Cayennepfeffer abschmecken.

macht was her

Artischocken-Carpaccio

Für 4 Personen | 30 Min. Zubereitungszeit
Pro Portion ca. 285 kcal

6 kleine italienische Artischocken | 1 Bio-Zitrone | ½ Bund Petersilie | 1 Knoblauchzehe | 4 EL kalt gepresstes Olivenöl | 6 getrocknete in Öl eingelegte Tomaten | Salz | Pfeffer | 50 g Parmesan am Stück

1 Die Stiele von den Artischocken abschneiden. So viele Blätter ablösen, bis sich ein Blatt auch roh leicht beißen lässt.

2 Die Zitrone heiß waschen und abtrocknen, die Hälfte der Schale fein abreiben, die Zitrone dann auspressen. Die Petersilie waschen, trocken schütteln und die Blättchen abzupfen. Knoblauch schälen und zusammen mit der Petersilie sehr fein hacken.

3 2–3 EL Zitronensaft mit Olivenöl cremig verrühren. Die Artischocken der Länge nach in möglichst dünne Scheiben schneiden und auf Tellern auslegen. Mit Zitronenschale und Petersilienmischung bestreuen, mit der Sauce beträufeln. Tomaten abtropfen lassen, in Streifen schneiden und darüberstreuen. Alles mit Salz und Pfeffer würzen, den Parmesan in dünnen Spänen darüberhobeln.

UND DAZU?
Servieren Sie das Carpaccio mit Weißbrot.

mediterran/herzhaft

Auberginentaler mit Oliven und Feta

Für 4 Personen | 35 Min. Zubereitungszeit | 2 Std. Marinieren | 15 Min. Grillen
Pro Portion ca. 240 kcal

½ Bund Thymian
4 EL Zitronensaft | 5 EL Olivenöl | Salz
frisch gemahlener schwarzer Pfeffer
2 Auberginen (à etwa 280 g)
1 Bund glatte Petersilie
50 g schwarze, entsteinte Kräuter-Oliven
150 g Schafkäse (Feta)
3 EL Joghurt
Öl für die Grillschalen

1 Den Thymian waschen, trocken schütteln und die Blättchen fein hacken. Zitronensaft, Öl, Salz und Pfeffer verrühren. Die Auberginen waschen, putzen, trocken reiben und quer in insgesamt 40 Scheiben schneiden. Diese mit der Marinade bestreichen und 2 Std. ziehen lassen.

2 Petersilie waschen, trocken schütteln, Blättchen fein hacken. Oliven grob hacken. Den Feta zerdrücken. Joghurt, Oliven, Petersilie und Pfeffer unterrühren.

3 Auberginenscheiben abtropfen lassen. 20 Scheiben mit der Käsemischung bestreichen und mit den restlichen Scheiben bedecken, leicht andrücken. Taler auf den geölten Grillschalen 15 Min. grillen, zwischendurch wenden.

UND DAZU?
Servieren Sie als Beilage zu den Auberginentalern Fladenbrot und Zaziki.

mediterran/fürs Grillfest

Knusprige Kürbisspalten

(im Bild)

Für 4 Personen | 15 Min. Zubereitungszeit | 16 Min. Grillen
Pro Portion ca. 210 kcal

1 kg Muskatkürbis
6 EL Olivenöl
1 durchgepresste Knoblauchzehe
Salz
Pfeffer
¼ TL gemahlener Piment
2 TL Rohrzucker
2 TL Aceto balsamico

1 Kürbis entkernen und in 1 cm breite Spalten schneiden. Mit 1 EL Öl bestreichen. Restliche Zutaten miteinander verquirlen.

2 Spalten pro Seite 7 Min. auf dem Holzkohle- oder Gasgrill bzw. unter dem Backofengrill grillen. Dann mit dem Würzöl bestreichen und pro Seite in 1 Min. knusprig grillen.

UND DAZU?
Dazu passt Kräuterbutter.

Spezialität aus der Türkei/vegetarisch

Schafkäse-röllchen

Für 4 Personen (ergibt 48 Stück)
1 Std. Zubereitungszeit
Pro Portion ca. 365 kcal

1 großes Bund Dill
½ Bund Minze
400 g Schafkäse (Feta)
2 Eier
schwarzer Pfeffer
1 TL rosenscharfes Paprikapulver
6 Blätter Yufka- oder Filoteig (gibt es im türkischen oder griechischen Geschäft in der Kühltheke)
etwa 1 l Öl zum Frittieren

1 Kräuter waschen, trocken schütteln und fein hacken. Den Käse mit einer Gabel fein zerdrücken und mit den Kräutern, den Eiern, Pfeffer und Paprika verrühren. Salz ist wahrscheinlich nicht nötig, weil der Käse relativ salzig ist.

2 Die Teigblätter vorsichtig auseinanderlösen, jeweils 2 aufeinanderlegen und achteln. Die Achtel noch einmal halbieren. Jeweils auf den breiteren Teil der Teigstücke etwas Füllung verteilen. Die Teigränder mit kaltem Wasser bestreichen, wie Zigaretten aufrollen und die Enden gut andrücken.

3 Das Öl erhitzen, die Teigröllchen darin portionsweise etwa 3 Min. goldbraun frittieren. Mit einem Schaumlöffel herausheben und auf einer dicken Lage Küchenpapier gut abtropfen lassen. Warm oder abgekühlt servieren.

UND DAZU?
Dazu passt Gurkenjoghurt und Fladenbrot und ein kräftiger Rotwein.

würzig-süß

Gorgonzola-Küchlein (im Bild)

Für 8 Förmchen von 10 cm ∅
15 Min. Zubereitungszeit | 20 Min. Backen
Pro Portion ca. 270 kcal

4 Scheiben TK-Blätterteig
4 EL Mangochutney
8 Feigen
300 g Gorgonzola
frisch gemahlener Pfeffer

1 Den Backofen auf 220° (Umluft 200°) vorheizen. Förmchen mit Teig auslegen und mit Mangochutney bestreichen. Feigen waschen, Stiele entfernen, in Spalten schneiden und darauflegen.

2 Gorgonzola darauf verteilen und im Backofen (unten) in 15–20 Min. goldbraun backen. Mit Pfeffer übermahlen und servieren.

UND DAZU?
Servieren Sie die Gorgonzola-Küchlein auf einem Bett aus Feldsalat mit einem Olivenöl-Zitronensaft-Honig-Dressing.

gelingt leicht

Grüner Spargel im Knusperteig

Für 4 Personen | 30 Min. Zubereitungszeit | 8 Min. Backen
Pro Portion ca. 605 kcal

16 Stangen grüner Spargel (etwa 600 g) | Salz | 1 Prise Zucker | 3 EL Zitronensaft | 2 EL Butter | 150 g Yufka-Teig (aus dem türkischen Lebensmittelladen) | 3 EL frisch geriebener Grana Padano (ersatzweise Greyerzer Käse)

1 Den Spargel waschen, das untere Drittel schälen, holzige Enden abschneiden. Wenig Salzwasser mit Zucker und Zitronensaft aufkochen. Den Spargel darin offen 5 Min. garen. Abgießen, abschrecken und abtropfen lassen.

2 Den Backofen auf 200° vorheizen. Die Butter zerlassen. Den Yufka-Teig auseinanderfalten, in 16 Rechtecke von etwa 8 × 10 cm schneiden. Mit Butter bepinseln und jeweils mit 1 Spargelstange belegen, mit etwas Käse bestreuen und über eine Spitze des Teigrechtecks so einrollen, dass die Spargelspitze noch sichtbar ist.

3 Die Spargelpäckchen auf ein Backblech mit Backpapier legen. In 5–8 Min. (Mitte, Umluft 180°) goldbraun und knusprig backen und gleich servieren.

würzig

Zucchini und Gorgonzola mit Honigsauce

Für 4 Personen | 15 Min. Zubereitungszeit
Pro Portion ca. 155 kcal

250 g junge Zucchini
2 EL Olivenöl
100 g Gorgonzola
1 EL Honig
1 EL Aceto balsamico
Salz
Cayennepfeffer

1 Die Zucchini waschen, putzen und in etwa 1 cm große Würfel schneiden. Das Öl in einer Pfanne erhitzen, die Würfel darin rundherum braun braten.

2 Inzwischen Käse würfeln. Honig mit Balsamico gründlich verrühren und mit Salz und Cayennepfeffer abschmecken. Zucchini und Käse auf Tellern verteilen und mit Honigsauce beträufeln.

UND DAZU?

Servieren Sie Zucchini und Käse mit knusprigem Weißbrot.

GETRÄNKE-TIPP

Als Getränk dazu passt ein trockener Rotwein.

für Gäste

Pilz-Carpaccio mit Mascarpone-Dressing

Für 4 Personen | 30 Min. Zubereitungszeit
Pro Portion ca. 140 kcal

1 Knoblauchzehe
½ Bund gemischte Kräuter (z. B. Basilikum, Koriander, Petersilie)
75 g Mascarpone
Saft von 1 Zitrone
2 EL Gemüsebrühe
etwas Zucker
Salz | frisch gemahlener Pfeffer
1 großes Bund Rucola
4 Riesenchampignons
1 Zucchino
3 EL Parmesanspäne

1 Knoblauch schälen und durch die Presse drücken. Kräuter waschen, trocken schütteln und fein hacken. Beides mit Mascarpone, Saft von ½ Zitrone, Brühe, Zucker, Salz und Pfeffer zum Dressing verrühren.

2 Rucola waschen, trocken schleudern und grobe Stiele abschneiden. Pilze trocken abreiben und die Stiele entfernen, Zucchino waschen und putzen. Pilzhüte und Zucchino in hauchdünne Scheiben schneiden, mit restlichem Zitronensaft, Salz und Pfeffer vorsichtig vermengen.

3 Den Rucola auf Tellern verteilen, Pilz- und Zucchinischeiben darauf dachziegelartig auslegen. Mit Dressing beträufeln und mit Parmesan bestreuen.

UND DAZU?

Dazu passt Ciabatta oder Baguette.

asiatisch/fruchtig

Reispapiertütchen

Für 4 Personen
30 Min. Zubereitungszeit
Pro Portion ca. 35 kcal

100 g Sprossen (z. B. Mungobohnensprossen)
100 g Romanasalat
1 Bund Thai-Basilikum (ersatzweise europäisches)
¼ Salatgurke
1 große Papaya
16 Blatt Reispapier (à 16 cm ∅)
50 ml Gemüsebrühe
4 EL Zitronensaft
5 EL helle Sojasauce
½ TL Sambal oelek

1 Sprossen, Salat und Basilikum waschen und trocken schütteln. Den Salat in große Stücke zupfen. Die Gurke waschen, längs vierteln, entkernen und in kurze, dicke Stifte schneiden.

2 Die Papaya längs halbieren, entkernen und schälen. Die Hälften quer halbieren, in dicke Stifte schneiden.

3 Zum Füllen je 2 Blatt Reispapier aufeinanderlegen, kurz in eine Schüssel mit warmem Wasser tauchen. Nebeneinander auslegen. Dann auf je 1 Reispapier-Pass Sprossen, Salat, Basilikum, Gurke und Papaya legen und das Papier zur Tüte formen.

4 Für den Dip Gemüsebrühe, Zitronensaft, Sojasauce und Sambal oelek verrühren. Sofort zu den Reispapiertütchen servieren.

kräuterfrisch

Topinambursalat mit Wildkräutern

Für 4 Personen | 20 Min. Zubereitungszeit
Pro Portion ca. 220 kcal

1 Bund gemischte Kräuter (z. B. Petersilie, Schnittlauch, Minze, Löwenzahn, Sauerampfer)
2 Frühlingszwiebeln
4 EL Öl
2 EL Zitronensaft
Salz
Pfeffer
500 g Topinambur

1 Die Kräuter waschen, trocken schütteln und fein hacken. Die Frühlingszwiebeln putzen, waschen und klein schneiden. Mit Öl und Zitronensaft in einer Salatschüssel verrühren. Kräftig salzen und pfeffern.

2 Den Topinambur in kaltem Wasser gründlich abbürsten oder nach Belieben schälen. In feine Scheiben schneiden und unter die Marinade mischen.

fruchtig/scharf

Pastinaken-Ananas-Salat

Für 4 Personen | 20 Min. Zubereitungszeit
Pro Portion ca. 185 kcal

2 EL Weinessig
1 TL Honig
100 g Joghurt
3 EL Olivenöl
Salz
Pfeffer
600 g Pastinaken
1 Ananas
1 rote Zwiebel
1 Chilischote
1 Bund Schnittlauch

1 Aus Essig, Honig, Joghurt, Öl sowie etwas Salz und Pfeffer eine Sauce rühren.

2 Pastinaken waschen, schälen, in Scheiben schneiden, in kochendem Salzwasser 1 ½ Min. blanchieren. Ananas und Zwiebel schälen und in kleine Würfel schneiden. Chili waschen, putzen und in Streifen schneiden. Schnittlauch waschen, trocken schütteln und klein schneiden. Alle Zutaten mit der Sauce vermischen.

carotinreich

Kürbis-Rohkost

Für 4 Personen | 30 Min. Zubereitungszeit
Pro Portion ca. 155 kcal

1 Bund Petersilie
½ TL Fenchelsamen
3 EL Zitronensaft
4 EL Rapsöl
Salz
frisch gemahlener Pfeffer
Cayennepfeffer
350 g Kürbis
2 kleine säuerliche Äpfel
1 EL Sonnenblumenkerne

1 Petersilie waschen, trocken schütteln, Blättchen abzupfen. Mit Fenchelsamen, Zitronensaft und Öl pürieren. Mit Salz, Pfeffer und Cayennepfeffer würzen.

2 Kürbis putzen, die Äpfel schälen und von den Kerngehäusen befreien. Beides fein raspeln, mischen. Kürbismischung auf Tellern oder in Schälchen anrichten, mit der Sauce beträufeln. Sonnenblumenkerne ohne Fett anrösten, daraufstreuen.

Salat mal anders

Gebratener Salat

Für 2 Personen | 20 Min. Zubereitungszeit
Pro Portion ca. 215 kcal

1 Romanasalat
1 rote Zwiebel
2 Knoblauchzehen
2 EL Pinienkerne
2 EL Olivenöl
1 EL Rosinen
50 ml trockener Weißwein (ersatzweise Gemüsebrühe)
Salz
Chilipulver
1 TL Zitronensaft

1 Salat putzen, waschen und in breite Streifen schneiden. Zwiebel und Knoblauch schälen, Zwiebel in Streifen, Knoblauch in feine Stifte schneiden.

2 Pinienkerne im heißen Wok ohne Fett anrösten, herausnehmen. Zwiebel und Knoblauch im Öl anbraten, Salatstreifen 3–4 Min. mitbraten. Rosinen und Wein zugeben, aufkochen. Mit Salz, Chili und dem Zitronensaft abschmecken, Pinienkerne aufstreuen.

gelingt leicht/sommerlich

Spinatsalat

Für 4 Personen | 25 Min. Zubereitungszeit | Pro Portion ca. 190 kcal

2 Eier | 1 kleine Zwiebel | 2 EL Nuss- oder Distelöl | Saft von ½ Zitrone | 2 EL Apfelsaft | Salz | weißer Pfeffer | 200 g Blattspinat | 100 g Champignons | 1 Bund Radieschen | 50 g gehackte Walnüsse

1 Die Eier hart kochen und abschrecken. Für die Sauce die Zwiebel schälen und in feine Würfel schneiden. Das Öl mit dem Zitronen- und dem Apfelsaft, der Zwiebel sowie Salz und Pfeffer verrühren.

2 Den Spinat verlesen, waschen und abtropfen lassen. Die Champignons und die Radieschen putzen, waschen und in feine Streifen schneiden. Die Eier schälen und ebenfalls in Scheiben schneiden.

3 Den Spinat, die Champignons, die Radieschen, die Eier und die Nüsse in einer großen Schüssel oder auf einer Platte anrichten. Die Sauce über den Salat träufeln und servieren.

TIPP

Für Rohkost eignet sich besonders der hellgrüne zarte Sommerspinat, der im Herbst angeboten wird. Der Winterspinat im Frühjahr hat festere Blätter und schmeckt kräftig aromatisch.

gelingt leicht

Topinamburcreme

Für 4 Personen | 35 Min. Zubereitungszeit
Pro Portion ca. 250 kcal

250 g Topinambur
100 g Lauch
3 Knoblauchzehen
150 ml Gemüsebrühe
100 g Mandeln
2 EL Crème fraîche
Salz
Pfeffer
Olivenöl nach Bedarf

1 Den Topinambur waschen und schälen. Den Lauch längs halbieren und waschen. Den Knoblauch schälen und alles klein schneiden.

2 Topinambur, Lauch und Knoblauch zusammen mit der Gemüsebrühe in einen Topf geben, aufkochen lassen und das Gemüse in etwa 15 Min. weich kochen.

3 Anschließend das Gemüse im Mixer zusammen mit den Mandeln und der Crème fraîche zu einer cremigen Masse verarbeiten.

4 Die Creme mit Salz und Pfeffer abschmecken. Falls sie zu fest ist, noch etwas Olivenöl zugeben.

UND DAZU?
Servieren Sie zur Topinamburcreme weitere Antipasti und Crostini und als Getränk einen Weißwein.

fürs Büfett/herzhaft

Brotsalat mit Gemüse (im Bild)

Für 4 Personen | 20 Min. Zubereitungszeit |
1 Std. Ruhen
Pro Portion ca. 255 kcal

150 g italienisches Weißbrot
1 rote Zwiebel
1 Knoblauchzehe
200 g Tomaten
2 zarte Zucchini (etwa 200 g)
1 Bund Petersilie
ein paar Blätter Rucola (nach Belieben)
2 EL Weinessig
Salz
Pfeffer
4 EL Olivenöl
100 g Schafkäse (Feta)
1 EL kleine Kapern

1 Das Brot grob würfeln. Die Zwiebel schälen, vierteln und in feine Streifen schneiden. Den Knoblauch schälen und fein hacken. Tomaten und Zucchini waschen, putzen und in kleine Würfel schneiden. Die Petersilie und eventuell den Rucola waschen, trocken schütteln und fein hacken.

2 Das Brot mit Zwiebel, Knoblauch, Kräutern und Gemüse mischen. Essig mit Salz und Pfeffer verrühren. Öl unterschlagen. Die Sauce mit dem Brotsalat mischen und bei Zimmertemperatur zugedeckt 1 Std. ziehen lassen.

3 Vor dem Servieren den Schafkäse zerkrümeln. Salat noch einmal durchrühren. Mit den Kapern und dem Käse bestreut servieren.

fürs Büfett

Romanasalat mit gratinierten Ricotta-Tomaten

(im Bild vorne)

Für 4 Personen | 40 Min. Zubereitungszeit
Pro Portion ca. 550 kcal

2 Knoblauchzehen | 250 g Ricotta
4 große Stängel Basilikum
5 Scheiben Toastbrot
Salz | frisch gemahlener Pfeffer
12 Strauchtomaten (à 50 g)
2 EL Pinienkerne | 9 EL Olivenöl
5 EL Aceto balsamico | 1 Prise Zucker
2 Köpfe Romanasalat (300 g)
60 g Parmesanspäne

1 Backofen auf 250° (Umluft 220°) vorheizen. Knoblauch schälen und zum Ricotta pressen. Basilikum fein schneiden, 1 Scheibe Toastbrot zerbröseln, beides untermischen. Salzen und pfeffern.

2 Tomaten waschen, oben einen Deckel abschneiden, unten etwas abflachen, sodass die Tomaten besser stehen. Tomaten aushöhlen, Ricotta einfüllen und Pinienkerne darüberstreuen. Auf eine feuerfeste Platte setzen.

3 Übrige Toastbrote 1 cm groß würfeln, neben den Tomaten verteilen und mit 4 EL Öl beträufeln. Im Ofen (Mitte) 8–10 Min. gratinieren.

4 Essig, Salz, Pfeffer, Zucker und übriges Öl verrühren. Romana putzen, waschen, in 1 cm breite Streifen schneiden und auf vier Teller verteilen. Tomaten ins Salatbett setzen, mit der Salatsauce beträufeln. Brotwürfel und Parmesan darüberstreuen.

asiatisch/scharf

Schichtkäse-Gurken-Salat mit Wasabi

(im Bild hinten)

Für 4 Personen | 30 Min. Zubereitungszeit
Pro Portion ca. 565 kcal

Saft von 4 Limetten
2 TL Wasabi (ersatzweise Meerrettich aus dem Glas)
12 EL Sonnenblumenöl
4 EL Zucker
Salz
12 große Salatblätter
4 kleine Salatgurken (à 150 g)
4 Möhren
400 g Schichtkäse
einige Tropfen Sesamöl
1 Handvoll Korianderblättchen

1 Den Limettensaft mit Wasabi, Sonnenblumenöl, Zucker und Salz verrühren.

2 Salatblätter waschen, trocken schleudern und 4 Teller damit auslegen. Die Gurken waschen, in dünne Scheiben schneiden und darauf verteilen. Die Möhren schälen, in feine Streifen oder Scheiben schneiden, darübergeben.

3 Den Schichtkäse aus der Packung stürzen und auf einem Teller kurz abtropfen lassen. Käse in grobe Würfel schneiden und auf dem Salat verteilen. Die Salatsauce und das Sesamöl darüberträufeln, Koriander darüberstreuen.

Vitaminbombe

Rote-Bete-Salat mit Orangen

Für 4 Personen
25 Min. Zubereitungszeit
Pro Portion ca. 345 kcal

4 Orangen
2 rote Zwiebeln
250 g Camembert
4 vorgegarte Rote Beten (vakuumverpackt)
3 EL weißer Aceto balsamico
5 EL Sonnenblumenöl
Salz
weißer Pfeffer
1 Kästchen Kresse

1 Von den Orangen mit einem scharfen Messer die Schale mitsamt der weißen Haut abschneiden, dann die Filets zwischen den Trennhäuten herauslösen, dabei den Saft auffangen.

2 Die Zwiebeln schälen und in dünne Ringe schneiden. Den Camembert in Scheiben schneiden. Die Roten Beten evtl. schälen, in dünne Scheiben hobeln und auf Tellern anrichten. Die Zwiebelringe, Orangenfilets und den Käse darauf verteilen.

3 Den Orangensaft mit Essig und Öl verrühren, salzen und pfeffern und über den Salat verteilen. Die Kresse kurz unterhalb der Blättchen abschneiden und den Salat damit dekorieren.

UND DAZU?

Als Beilage schmeckt Roggentoast und als Getränk ein Beaujolais primeur.

für Gäste/fruchtig

Pilzsalat mit Trauben

Für 4 Personen | 25 Min. Zubereitungszeit
Pro Portion ca. 200 kcal

2 Bund Frühlingszwiebeln
300 g Egerlinge, Champignons oder Pfifferlinge
300 g blaue Trauben
1 EL Walnusskerne
100 ml trockener Weißwein
(ersatzweise Gemüsefond)
1 TL scharfer Senf | 2 TL Honig
2 EL weißer Aceto balsamico (Balsamico bianco)
4 EL Olivenöl | Salz | frisch gemahlener Pfeffer
1 Handvoll Kerbel

1 Die Frühlingszwiebeln waschen und putzen. Die Zwiebeln in etwa 5 cm lange feine Streifen schneiden. Die Pilze putzen und halbieren. Trauben waschen, halbieren und eventuell entkernen. Die Walnusskerne in kleine Stücke brechen.

2 Den Weißwein mit Senf, Honig und dem Aceto balsamico verrühren.

3 Das Öl in einer Pfanne erhitzen. Pilze und Zwiebeln darin bei mittlerer Hitze unter Rühren 5 Min. braten. Trauben und Nüsse untermischen, salzen, pfeffern und auf vier Teller verteilen.

4 Die Weinmischung in die Pfanne gießen, kräftig aufkochen. Mit Salz und Pfeffer abschmecken und über die Salatzutaten träufeln. Kerbel waschen, trocken schleudern und die Blättchen auf den Salat streuen.

UND DAZU?

Servieren Sie knuspriges Baguette und einen Weißwein zu diesem Salat.

gelingt leicht/schnell

Kürbissalat

Für 4 Personen | 15 Min. Zubereitungszeit
Pro Portion ca. 190 kcal

Saft von ½ Zitrone
3 EL Distel- oder Nussöl
4 EL Apfelsaft
700 g Kürbis
1 roter Apfel
50 g Sonnenblumenkerne oder gehackte Nüsse

1 Für die Sauce den Zitronensaft mit dem Öl und dem Apfelsaft verrühren.

2 Den Kürbis schälen. Die faserigen Teile und die Kerne mit einem Löffel entfernen. Das Fruchtfleisch grob in die Sauce raspeln.

3 Den Apfel waschen, trocken reiben, vierteln, vom Kerngehäuse befreien und in Stifte schneiden. Die Stifte unter den Salat mischen.

4 Die Sonnenblumenkerne oder die Nüsse über den Salat streuen.

TIPP

Von großen Kürbissen erst das benötigte Stück herausschneiden, dann schälen. Den restlichen Kürbis zugedeckt in den Kühlschrank legen und binnen einer Woche verbrauchen. Mit seiner kräftig orangegelben Farbe ist der Kürbis sehr dekorativ. Stechen Sie mit Ausstechförmchen Figuren wie zum Beispiel Blumen oder Sternchen aus und garnieren Sie damit Salat und kalte Platten.

Klassiker auf neue Art

Spargel-Kartoffel-Salat mit Pesto

Für 4 Personen | 45 Min. Zubereitungszeit
Pro Portion ca. 550 kcal

2 EL Zitronensaft | 3 EL Zucker | 1 EL Butter
Salz | 500 g weiße Spargelköpfe
500 g festkochende Kartoffeln
3 EL weißer Aceto balsamico (Balsamico bianco)
je 1 Bund Bärlauch und glatte Petersilie
150 ml Traubenkernöl
100 g Parmesan | weißer Pfeffer

1 Den Zitronensaft mit dem Zucker, der Butter und 2 EL Salz in einem Topf mit Wasser aufsetzen. Den Spargel schälen und jeweils in 3 gleich lange Stücke schneiden. Die Kartoffeln waschen, schälen und in fingerdicke Scheiben schneiden.

2 Spargel und Kartoffelscheiben im kochenden Wasser in 15 Min. bissfest garen. Abgießen, beides in eine Schüssel geben und mit Essig beträufeln.

3 Bärlauch und Petersilie waschen und trocken schütteln. Die Hälfte der Petersilie abzupfen und beiseitelegen, die andere Hälfte mit Bärlauch und Öl im Mixer pürieren.

4 Spargel und Kartoffeln auf Tellern anrichten, das Bärlauchpesto dazugeben. Den Parmesan darüberhobeln. Mit Petersilie bestreuen und Pfeffer grob darübermahlen.

für Gäste/edel

Spargel mit Vanilledressing

Für 4 Personen | 30 Min. Zubereitungszeit |
2 Std. Marinieren
Pro Portion ca. 205 kcal

1 Vanilleschote
½ TL Zucker
50 ml trockener Sherry (ersatzweise Gemüsebrühe)
500 g weißer Spargel (dicke Stangen)
2 EL weißer Aceto balsamico (Balsamico bianco; ersatzweise Weißweinessig)
2 EL Orangensaft
Salz
Pfeffer
6 EL Olivenöl
1 großes Bund Rucola
200 g Erdbeeren

1 Die Vanilleschote längs halbieren, das Mark herauskratzen. Vanillemark mit Vanilleschote, Zucker und Sherry aufkochen. Vom Herd nehmen und 10 Min. ziehen lassen. Die Schote entfernen.

2 Den Spargel waschen, schälen und die holzigen Enden abschneiden. Die Stangen schräg in sehr dünne Scheiben schneiden.

3 Essig mit Orangensaft, Salz, Pfeffer und Öl verrühren. Den Vanillesirup langsam zugießen, alles zu einem cremigen Dressing verrühren. Den Spargel untermischen und zugedeckt etwa 2 Std. marinieren.

4 Rucola waschen und trocken schleudern, dicke Stiele entfernen. Erdbeeren waschen, entkelchen und vierteln. Beides mit dem Spargel vermischen.

schnell/gelingt leicht

Avocado mit Zitronenschichtkäse

Für 4 Personen | 25 Min. Zubereitungszeit | Pro Portion ca. 370 kcal

1 Bio-Zitrone | 2 TL eingelegte grüne Pfefferkörner (ersatzweise rosa Pfefferbeeren) | 10 große Estragonblätter | 2 EL Olivenöl | 4 TL Zucker | Salz | 2 Avocados | 250 g Schichtkäse

1 Die Zitrone heiß waschen, die Schale dünn abschälen, den Saft auspressen. Schale mit den Pfefferkörnern und dem Estragon fein hacken. Mit der Hälfte des Zitronensafts (übrigen Saft für ein anderes Gericht verwenden), Öl, Zucker und Salz zu einem Dressing verrühren.

2 Avocados bis zum Kern einschneiden, die Hälften gegeneinanderdrehen und die Kerne entfernen. Avocados schälen, längs in dünne Scheiben schneiden und auf Tellern auffächern. Mit etwas Dressing beträufeln.

3 Den Schichtkäse aus der Packung stürzen und auf einem Teller kurz abtropfen lassen. Käse vorsichtig mit einer Palette oder einem breiten Messer in 4–8 Scheiben teilen und auf den Avocados anrichten. Restliches Dressing darüber verteilen. Dazu passt geröstetes dunkles Bauernbrot.

gelingt leicht/fettarm

Rote-Bete-Taboulé

Für 4 Personen
35 Min. Zubereitungszeit
Pro Portion ca. 240 kcal

¼ l Gemüsebrühe
150 g Bulgur
150 g Staudensellerie
150 g Fenchel
1 Apfel (etwa 150 g)
250 g Rote Beten
2 Bund gemischte Kräuter
2 Schalotten
Salz
Pfeffer
2 EL Nussöl
Saft von 1 Limette

1 Brühe erhitzen und den Bulgur darin 2 Min. köcheln lassen. Den Topf vom Herd ziehen und 25 Min. quellen lassen.

2 Gemüse, Obst und Kräuter waschen. Schalotten schälen und klein schneiden. Die Selleriestangen längs halbieren und in dünne Scheiben schneiden. Den Fenchel vom Strunk befreien. Apfel halbieren und entkernen. Beides klein würfeln. Alles mischen.

3 Die Roten Beten schälen, würfeln, separat lassen und salzen und pfeffern.

4 Die Kräuter trocken schütteln, fein schneiden und mit Öl und Limettensaft unter das Gemüse mischen. Den Bulgur unterheben, salzen und pfeffern. Damit sie nicht zu sehr färben, die Roten Beten erst kurz vor dem Servieren unterheben.

für Festtage

Schwarzwurzelsalat mit Orangen

Für 4 Personen | 20 Min. Zubereitungszeit | 1 Std. Marinieren
Pro Portion ca. 120 kcal

1 rote Zwiebel
1 kg Schwarzwurzeln
3 EL Weinessig
3 EL Sonnenblumenöl
2 Orangen
2 Stängel Minze
1 Bund Schnittlauch
1 Prise Muskatblüte| Salz | Pfeffer

1 Die Zwiebel schälen und in Streifen schneiden. Die Schwarzwurzeln waschen, schälen, dann in 2 cm breite Scheiben schneiden und in mit 1 EL Essig versetztes Wasser legen.

2 In einem Wok oder einer Pfanne 1 EL Öl erhitzen und die Schwarzwurzeln darin 3 Min. braten. Die Zwiebel zugeben und glasig braten. Mit dem restlichen Essig ablöschen, abkühlen lassen.

3 Orangen mitsamt der weißen Haut schälen, in Filets schneiden, Saft auffangen. Kräuter waschen, trocken schütteln und getrennt klein schneiden.

4 Orangen, Minze und das übrige Öl unter die Schwarzwurzeln mischen. Den Salat mit Orangensaft, Muskat, Salz und Pfeffer abschmecken und 1 Std. marinieren lassen. Mit Schnittlauch garniert servieren.

UND DAZU?
Dazu passen Baguette und Weißweinschorle.

gut vorzubereiten

Fruchtiger Kohlsalat mit Frischkäse-Dressing

Für 4 Personen | 40 Min. Zubereitungszeit | 30 Min. Marinieren
Pro Portion ca. 235 kcal

1 kleiner Spitzkohl (900 g)
Salz | 1 Knoblauchzehe
100 g Frischkäse
Saft von 4 Limetten
½ TL Currypulver
2 TL Honig | frisch gemahlener Pfeffer
4 Möhren | 2 große rote Äpfel
2 EL Haselnüsse | 4 EL Rosinen

1 Den Kohl putzen, längs halbieren, vom Strunk befreien und in etwa ½ cm breite Streifen schneiden. Die Kohlstreifen mit 2 TL Salz vermischen, durchkneten und kurz ziehen lassen.

2 Inzwischen Knoblauch schälen und durch die Presse drücken. Mit Frischkäse, Saft von 2 Limetten, Curry, Honig, Salz und Pfeffer verrühren.

3 Möhren schälen und in dünne Scheiben schneiden. Äpfel waschen, vierteln, entkernen und in feine Spalten schneiden. Beides mit restlichem Limettensaft mischen. Haselnüsse grob hacken.

4 Kohl abbrausen, ausdrücken und zu den Möhren und Äpfeln geben. Mit dem Dressing, den Nüssen und den Rosinen vermengen, abdecken und etwa 30 Min. ziehen lassen.

UND DAZU?
Dazu passt dunkles Bauernbrot oder Vollkornbrot.

Suppen & Eintöpfe

Süßkartoffel trifft Ingwer, Kohlrabi gehen mit Apfel eine innige Verbindung ein, und Orangen geben ihr Bestes in Begleitung von Kürbis und Knoblauch. Löffel für Löffel wärmen Suppen und Eintöpfe den Magen und beleben die Sinne.

aus Vietnam / gelingt leicht

Dunkle Gemüsesuppe

Für 4–6 Personen | 35 Min. Zubereitungszeit
Bei 6 Personen pro Portion ca. 120 kcal

300 g Rettich
2 große Möhren
200 g Chinakohl
5 Knoblauchzehen
5 EL neutrales Öl
3 EL süße dunkle Sojasauce
2 EL Zucker
1 TL Salz
½ TL frisch gemahlener schwarzer Pfeffer
1 l Gemüsebrühe

1 Den Rettich und die Möhren schälen und in etwa ½ cm dicke Scheiben schneiden. Den Chinakohl putzen. Die einzelnen Blätter abtrennen, waschen und grob zerschneiden.

2 Den Knoblauch schälen und fein hacken. Das Öl in einer großen Pfanne stark erhitzen, den Knoblauch darin goldgelb braten. Den Rettich und die Möhren dazugeben und etwa 3 Min. braten. Den Chinakohl, die Sojasauce, den Zucker, das Salz und den Pfeffer hinzufügen und noch etwa 2 Min. mitbraten.

3 Die Brühe zum Gemüse gießen. Alles etwa 15 Min. kochen lassen. Die fertige Suppe mit Zucker und Salz abschmecken.

VARIANTE
Sie können diese Gemüsesuppe auch zusätzlich mit Kohlrabi und Blumenkohl zubereiten.

herzerwärmend

Kartoffelcremesuppe mit Sauerkraut (im Bild)

Für 4 Personen | 45 Min. Zubereitungszeit
Pro Portion ca. 180 kcal

500 g mehligkochende Kartoffeln
½ l Gemüsebrühe (Instant)
200 g Sauerkraut (frisch oder aus der Dose)
1 TL Kümmelsamen
2 EL Butter
½ Bund Schnittlauch
50 g Sahne
Salz | Pfeffer

1 Die Kartoffeln schälen und würfeln. In der Gemüsebrühe gar kochen. Das Sauerkraut in einem Sieb abtropfen lassen und sehr klein schneiden. Die Kartoffeln abgießen, dabei die Brühe auffangen und beiseitestellen. Kartoffeln im Topf mit dem Kartoffelstampfer zu Püree zerdrücken.

2 Kümmel in einer Pfanne mit Butter leicht anrösten. Das Sauerkraut dazugeben, gut mischen und zugedeckt bei geringer Hitze 10–15 Min. andünsten, dabei immer wieder umrühren.

3 Inzwischen Schnittlauch waschen, trocken schütteln und in feine Röllchen schneiden. Die Sauerkrautmischung zum Kartoffelpüree geben, Sahne und so viel Gemüsebrühe zufügen, bis eine dickflüssige Suppe entsteht. Kräftig salzen und pfeffern. Vor dem Servieren noch einmal erhitzen. Mit Schnittlauch bestreuen und servieren.

aus Griechenland/preiswert

Kichererbsensuppe mit Spinat

Für 4 Personen | 1 Std. 30 Min. Zubereitungszeit | 12 Std. Quellen
Pro Portion ca. 310 kcal

250 g Kichererbsen | 2 Zwiebeln | 2 Knoblauchzehen | 1 großes Bund Suppengrün | 4 EL Olivenöl | 1 ¼ l Gemüsebrühe | 250 g Wurzelspinat | 1 Bund Petersilie | Salz | frisch gemahlener weißer Pfeffer | 3–4 EL Zitronensaft

1 Die Kichererbsen in einer Schüssel mit Wasser über Nacht quellen lassen. Am nächsten Tag Zwiebeln und Knoblauch schälen und hacken. Das Suppengrün schälen und würfeln. Das Öl in einem Topf erhitzen. Zwiebeln, Knoblauch und Suppengrün darin glasig dünsten. Die Kichererbsen abtropfen lassen, hinzufügen.

2 Die Gemüsebrühe angießen und zum Kochen bringen. Die Kichererbsen zugedeckt bei mittlerer Hitze in etwa 1 Std. gar kochen. Den Spinat verlesen, mehrmals gut waschen, von dicken Stielen befreien. Die Petersilie waschen, trocken schütteln und die Blättchen fein hacken.

3 Den Spinat zu den Kichererbsen geben und in etwa 2 Min. in der Suppe zusammenfallen lassen. Mit Salz, Pfeffer und dem Zitronensaft abschmecken und mit der Petersilie bestreuen und servieren.

aus China

Wan-Tan-Suppe

Für 4–5 Personen | 45 Min. Zubereitungszeit
Bei 5 Personen pro Portion ca. 210 kcal

20 tiefgekühlte Wan-Tan-Teigplatten (Asienladen) | 70 g schnittfester Tofu | 1 kleine Möhre | 50 g Wassernüsse | 30 g Sichuangemüse (aus der Dose) | ½ TL Zucker | 1 TL Speisestärke | 1 TL Salz | 3 EL neutrales Öl | 100 g Blattspinat | 1 ½ l Gemüsebrühe | frisch gemahlener schwarzer Pfeffer | Sesamöl

1 Die Wan-Tan-Teige bei Zimmertemperatur auftauen. Den Tofu unter fließendem Wasser abspülen. Die Möhre schälen. Die Wassernüsse abspülen. Alle diese Zutaten (ohne den Teig) und das Sichuangemüse in winzige Würfel schneiden. Mit dem Zucker, der Speisestärke, ½ TL Salz und dem Öl sorgfältig vermischen.

2 Je 1 Teelöffel Füllung in die Mitte einer Teigplatte setzen. Die vier Ecken der Platte jeweils darüberlegen und in der Mitte leicht zusammendrücken.

3 Den Spinat verlesen, mehrmals in stehendem kaltem Wasser waschen, abtropfen lassen und grob hacken. Die Gemüsebrühe aufkochen. Die Teigtaschen vorsichtig einzeln in die heiße, aber nicht sprudelnd kochende Brühe legen und bei schwacher Hitze etwa 3 Min. ziehen lassen. Den Spinat hineingeben, mit restlichem Salz, Pfeffer und Sesamöl abschmecken.

Spezialität aus Italien

Reissuppe mit Fenchel (im Bild)

Für 4 Personen | 1 Std. 30 Min. Zubereitungszeit | 12 Std. Einweichen
Pro Portion ca. 330 kcal

100 g Kichererbsen
4 Fenchelknollen
1 Zwiebel
1 Knoblauchzehe
1 Bund glatte Petersilie
5 EL Olivenöl
100 g Langkornreis
Salz
Pfeffer
2 Scheiben Weißbrot
4 EL geriebener Parmesan

1 Kichererbsen mit reichlich Wasser über Nacht einweichen. Am nächsten Tag mit frischem Wasser bedeckt in etwa 1 ½ Std. garen.

2 Fenchel waschen, putzen, das Fenchelgrün hacken und beiseitelegen. Die Knollen vierteln und ohne den mittleren Strunk in Streifen schneiden. Zwiebel und Knoblauch schälen und klein hacken. Petersilie waschen, trocken schütteln und hacken.

3 4 EL Öl mittelstark erhitzen. Zwiebel, Knoblauch, Fenchel und Reis darin 2–3 Min. anschwitzen, dabei gelegentlich umrühren. Die Kichererbsen mit Kochwasser dazugeben, mit Salz und Pfeffer würzen und bei schwacher Hitze 30 Min. köcheln lassen.

4 Das Brot klein würfeln. Übriges Öl erhitzen und die Brotwürfel darin rösten. Mit Käse und Fenchelgrün über die Suppe geben.

fruchtig/für Gäste

Morchelcreme mit Birnen

Für 4 Personen | 20 Min. Zubereitungszeit | 1 Std. Quellen
Pro Portion ca. 180 kcal

10 g getrocknete Morcheln
2 Schalotten
3 EL Butter
1 EL Mehl
1 Glas Gemüsefond (400 ml)
1 feste Birne (etwa 250 g)
1 EL Zucker
Salz | frisch gemahlener Pfeffer
1 TL Zitronensaft
50 g Crème fraîche

1 Die Morcheln in ¼ l lauwarmem Wasser 1 Std. einweichen. Dann in einem Sieb gut abbrausen und in Streifen schneiden. Das Einweichwasser filtern.

2 Schalotten schälen und fein würfeln, in der Hälfte der Butter bei mittlerer Hitze andünsten. Morcheln kurz mitdünsten. Mit Mehl bestäuben, kurz anschwitzen. Den Fond, das Einweichwasser und 200 ml Wasser dazugießen. Die Suppe offen 10 Min. köcheln lassen.

3 Inzwischen die Birne vierteln, entkernen, schälen und in Schnitze schneiden. Die übrige Butter mit dem Zucker bei mittlerer Hitze schmelzen lassen. Birnenschnitze darin in 3–4 Min. schön braun braten. Leicht salzen und pfeffern, den Zitronensaft dazugeben.

4 Die Suppe mit Crème fraîche verfeinern, salzen, pfeffern. Mit Birnen garnieren und in vorgewärmten Tellern servieren.

aus Frankreich/für Gäste

Gemüsesuppe mit Basilikumpaste

Für 4–6 Personen | 1 Std. 15 Min. Zubereitungszeit
Bei 6 Personen pro Portion ca. 260 kcal

4 Knoblauchzehen | 2 Bund Basilikum | 4–5 EL Olivenöl | Salz | frisch gemahlener weißer Pfeffer | 1 Stück Kürbis (etwa 700 g) | 500 g grüne Bohnen | 200 g Tomaten | 4 Möhren | 2 festkochende Kartoffeln | 1 Bund Frühlingszwiebeln | 100 g gepalte Erbsen (frisch oder tiefgefroren) | 2–3 Zweige Thymian | 2 frische Lorbeerblätter | 100 g Makkaroni | 50 g frisch geriebener Pecorino

1 Den Knoblauch schälen und durch die Presse in ein Schälchen drücken. Basilikum waschen und trocken schütteln. Die Blättchen abzupfen und fein hacken. Basilikum mit dem Knoblauch und dem Öl im Mörser zu einer feinen Paste zerstoßen oder mit dem Pürierstab oder im Mixer fein zerkleinern. Die Basilikumpaste mit Salz und Pfeffer abschmecken.

2 Den Kürbis von der Schale und allen Kernen in der Mitte befreien. Bohnen waschen und putzen. Beides in etwa 2 cm lange Stücke schneiden. Tomaten mit kochendem Wasser überbrühen, kurz darin ziehen lassen, kalt abschrecken, häuten und in kleine Würfel schneiden, dabei die Stielansätze entfernen. Die Möhren und die Kartoffeln schälen und in kleine Würfel schneiden. Die Frühlingszwiebeln waschen, putzen und mit dem hellen Grün in feine Ringe teilen.

3 Alle zerkleinerten Gemüse und die Erbsen mit 1 ½ l Wasser in einen großen Topf geben und zum Kochen bringen. Das Gemüse mit Salz und Pfeffer würzen. Die Thymianzweige und die Lorbeerblätter waschen, dann einlegen. Das Gemüse zugedeckt bei mittlerer Hitze etwa 25 Min. garen, bis es bissfest ist. Dabei gelegentlich umrühren und bei Bedarf noch etwas Wasser angießen.

4 Dann die Nudeln in Stücke brechen und in etwa 10 Min. in der Suppe al dente garen. Den Thymian und Lorbeer aus der Suppe fischen. Die Suppe in vorgewärmte Teller verteilen. Mit je etwas Basilikumpaste und geriebenem Käse garnieren und sofort servieren.

aus Indonesien

Gelbe Gemüsesuppe

Für 4 Personen | 40 Min. Zubereitungszeit
Pro Portion ca. 165 kcal

1 Stück Kürbis (etwa 400 g)
2 große Möhren
4 mittelgroße mehligkochende Kartoffeln
8 Schalotten
2 rote Chilischoten
3 Kemirinüsse (ersatzweise Mandeln)
1 Stängel Zitronengras
1 Stück frischer Ingwer (etwa daumengroß)
1 l Gemüsebrühe
1 TL Kurkuma
1 Msp. gemahlener Galgant
2 Lorbeerblätter
400 ml Kokosmilch | 1 TL Salz

1 Den Kürbis, die Möhren und die Kartoffeln schälen und in mundgerechte Würfel schneiden. Die Schalotten schälen und fein hacken. Die Chilischoten waschen und entstielen.

2 Die Schalotten, die Kemirinüsse und die Chilis im Mörser fein zerstampfen. Das Zitronengras waschen und sehr fein hacken. Den Ingwer schälen und ebenfalls fein hacken.

3 Die Gemüsebrühe aufkochen, die Schalotten-Chili-Paste, das Zitronengras, den Ingwer, das Kurkuma, Galgant und die Lorbeerblätter dazugeben und etwa 1 Min. kochen lassen.

4 Den Kürbis, die Möhren und die Kartoffeln in die Brühe geben und etwa 20 Min. bei schwacher Hitze garen. Die Kokosmilch und das Salz einrühren. Alles nochmals etwa 3 Min. kochen lassen.

crossover/scharf

Tortilla-Suppe

(im Bild)

Für 4–6 Personen | 50 Min. Zubereitungszeit
Bei 6 Personen pro Portion ca. 495 kcal

250 g Weizen-Tortillas (6 weiche mexikanische Teigfladen; im Supermarkt in der Exotenecke)
2 Knoblauchzehen
2 weiße Zwiebeln
1 rote Chilischote
1 Bund Koriandergrün
8 EL Öl
2 EL Tomatenmark
1 ½ l Gemüsebrühe
Salz
1 Avocado
150 g geriebener kräftiger Käse (z. B. Cheddar)

1 Die Hälfte der Tortillas grob hacken. Knoblauch und Zwiebeln schälen und würfeln. Chilischote putzen, entkernen und hacken. Koriandergrün waschen, trocken schütteln und die Blätter hacken.

2 Zwiebeln, Knoblauch, Chili und die Hälfte des Korianders in 2 EL Öl 3 Min. dünsten. Gehackte Tortillas und das Tomatenmark 1 Min. mitbraten. Mit Brühe aufgießen, salzen und alles 15 Min. leicht kochen lassen. Suppe pürieren und durch ein Sieb streichen.

3 Avocado schälen, entsteinen und würfeln. Restliche Tortillas vierteln und portionsweise braten. Dazu jeweils 2 EL Öl in einer Pfanne erhitzen und darin je 4 Tortilla-Viertel auf jeder Seite ½ Min. braten, sodass sie knusprig aufgehen. Suppe erhitzen, auf Teller verteilen und mit Avocadowürfeln, geriebenem Käse und übrigem Koriandergrün garnieren. Mit knusprigen Tortillas servieren.

Klassiker / kalt serviert

Weiße Gazpacho

Für 4 Personen
35 Min. Zubereitungszeit
1 Std. Kühlen
Pro Portion ca. 625 kcal

200 g helles Sauerteigbrot oder schweres Weißbrot
300 ml Milch
1 Knoblauchzehe
100 g kernlose Trauben
100 g gemahlene Mandeln
100 ml bestes Olivenöl
50 ml Sonnenblumenöl
2 EL Sherry-Essig
½ l Mineralwasser (am besten nur leicht sprudelnd)
Salz

1 Das Brot entrinden, würfeln und zur Hälfte in der Milch einweichen. Den Knoblauch schälen und hacken, die Trauben waschen, putzen und halbieren.

2 Eingeweichtes Brot samt Milch, Knoblauch und Mandeln im Mixer oder in der Küchenmaschine pürieren, dann nach und nach das Oliven- und Sonnenblumenöl untermixen, bis eine cremige Masse entstanden ist. Essig und Wasser einrühren, Gazpacho salzen und 1 Std. zugedeckt in den Kühlschrank stellen. Falls nötig etwas Wasser dazugeben.

3 Restliche Brotwürfel trocken anrösten. Weiße Gazpacho auf Schalen oder Gläser verteilen, mit Trauben und Brotwürfeln garnieren.

GETRÄNKE-TIPP
Vorweg passt ein trockener Sherry.

aus Griechenland / exklusiv

Gemüsetopf mit Artischocken

Für 4 Personen
1 Std. 15 Min. Zubereitungszeit
Pro Portion ca. 500 kcal

10 kleine Artischocken
5–6 EL Zitronensaft
350 g festkochende Kartoffeln
2 Fenchelknollen
1 Bund Frühlingszwiebeln
3 EL Olivenöl
1 TL Fenchelsamen
Salz
frisch gemahlener schwarzer Pfeffer
300 g dicke Bohnen (tiefgekühlt)
¼ l trockener Weißwein
2 Eigelbe
4 EL Sahne

1 Die Artischocken von den äußeren harten Blättern befreien. Die übrigen Blätter zur Hälfte abschneiden. Die Artischocken längs vierteln. Falls sie in der Mitte »Heu« haben, dieses entfernen. Die Artischocken mit 3–4 EL Zitronensaft mischen.

2 Die Kartoffeln schälen und in etwa 2 cm große Stücke schneiden. Die Fenchelknollen waschen, putzen und längs in schmale Stücke schneiden. Das zarte Grün beiseitelegen. Die Frühlingszwiebeln putzen, waschen und in etwa 1 cm lange Stücke schneiden.

3 Das Öl in einem großen Topf erhitzen. Die Artischocken darin bei mittlerer Hitze unter Rühren etwa 5 Min. braten. Die Kartoffeln und die Frühlingszwiebeln mit den Fenchelsamen hinzufügen und kurz anbraten. Etwa 300 ml Wasser angießen. Das Gemüse mit Salz und Pfeffer würzen, dann zugedeckt etwa 10 Min. garen.

4 Den Fenchel und die dicken Bohnen mit dem Wein dazugeben. Nochmals etwa 15 Min. garen, bis die Artischocken und Bohnen weich sind.

5 Inzwischen das Fenchelgrün hacken. Den übrigen Zitronensaft mit den Eigelben und der Sahne verquirlen. Den Eintopf eventuell mit Salz und Pfeffer abschmecken, vom Herd ziehen und mit der Eigelbmischung binden. Mit dem Fenchelgrün bestreuen und mit knusprigem Baguette servieren.

fruchtig

Apfel-Kohlrabi-Suppe

Für 4 Personen | 30 Min. Zubereitungszeit
Pro Portion ca. 270 kcal

2 Kohlrabi mit Grün
2 Äpfel (z. B. Cox Orange)
2 EL Butter
1 l Gemüsebrühe
200 g Sahne
Salz
Pfeffer
frisch geriebene Muskatnuss

1 Kohlrabi und Äpfel waschen, zartes Kohlrabigrün beiseitelegen. Kohlrabi und Äpfel schälen, die Äpfel entkernen. Beides klein würfeln und in der Butter etwa 7 Min. andünsten. Mit der Brühe aufgießen und zugedeckt 10 Min. bei mittlerer Hitze köcheln lassen.

2 Die Sahne zugießen, alles mit dem Pürierstab glatt mixen. Dann die Suppe erwärmen und mit Salz, Pfeffer und Muskat abschmecken. Das Kohlrabigrün hacken, über die Suppe streuen und servieren.

für heiße Tage

Kalte Gurken-Frischkäse-Suppe

Für 4 Personen | 20 Min. Zubereitungszeit
Pro Portion ca. 160 kcal

1 Stängel Estragon (ersatzweise Minze)
1 kg Salatgurken
½ l eiskalte leichte Gemüsebrühe
Saft von ½ Zitrone
Salz
frisch gemahlener Pfeffer
200 g Frischkäse
120 ml eiskalter Weißwein
(ersatzweise heller Traubensaft)

1 Estragon waschen, trocken schütteln, Blätter vom Stängel streifen. Die Gurken schälen, längs halbieren und die Kerne herauskratzen. Gurken grob würfeln und mit Estragon, Brühe und Zitronensaft fein pürieren. Mit Salz und Pfeffer würzen.

2 Den Frischkäse und den Wein kräftig miteinander verschlagen. Suppe auf Teller verteilen und den Frischkäse spiralförmig einrühren. Die Suppe eventuell mit Gurkenstreifen garnieren.

für Gäste

Suppe mit Käsespieß

Für 4 Personen | 40 Min. Zubereitungszeit
Pro Portion ca. 400 kcal

700 g Kartoffeln
3 EL Butter
1 l Gemüsefond (aus dem Glas)
Salz
frisch gemahlener Pfeffer
2 Frühlingszwiebeln
4 EL Semmelbrösel
2 EL frisch geriebener Parmesan
1 Ei
2 Kugeln Mozzarella (à 125 g)
2 EL Rosmarinnadeln
Holzspieße

1 Die Kartoffeln schälen, in 1 cm große Würfel schneiden und in 1 EL Butter 1–2 Min. braten. Den Fond angießen, 10 Min. bei mittlerer Hitze kochen lassen. Dann mit Salz und Pfeffer abschmecken. Die Frühlingszwiebeln waschen, putzen, in feine Ringe schneiden und über die Suppe streuen.

2 Die Semmelbrösel und den Parmesan miteinander vermischen und das Ei mit Salz und Pfeffer verrühren. Den Mozzarella in 2 cm große Würfel schneiden, auf Spieße stecken. Die Spieße in Ei und Bröseln wenden und in der übrigen Butter in einer beschichteten Pfanne mit Rosmarin kurz braten. Die Spießchen zur Suppe reichen.

gelingt leicht

Kürbissuppe mit Orangen

Für 4 Personen | 35 Min. Zubereitungszeit
Pro Portion ca. 100 kcal

600 g Hokkaido-Kürbis
1 Knoblauchzehe
1 Zwiebel
1 Möhre
2 EL Sonnenblumenöl
1 l Gemüsebrühe
1 TL Kräuter der Provence
1 Prise frisch geriebene Muskatnuss
Salz
Pfeffer
Saft von 1 Orange

1 Den Kürbis waschen, putzen und grob würfeln. Knoblauch, Zwiebel und Möhre schälen und in kleine Würfel schneiden.

2 Das Öl in einem Topf erhitzen. Die Zwiebel, den Knoblauch, die Möhre und den Kürbis darin glasig braten und mit Brühe und Kräutern der Provence 15–20 Min. köcheln lassen. Mit Muskatnuss, Salz, Pfeffer und Orangensaft abschmecken und servieren.

Spezialität aus Italien

Tomaten-Brot-suppe (im Bild links)

Für 4 Personen | 50 Min. Zubereitungszeit
Pro Portion ca. 205 kcal

200 g altbackenes Weißbrot
1 kg reife Tomaten
4 Zweige Rosmarin
1 Bund Basilikum
2 Knoblauchzehen
1 große Zwiebel
2 EL Olivenöl
3/8 l Gemüsebrühe
Salz
Pfeffer
Olivenöl zum Beträufeln

1 Das Brot in Stücke teilen. Stielansätze der Tomaten entfernen, Tomaten kurz überbrühen, häuten, klein würfeln. Rosmarin waschen, trocken schütteln und die Nadeln abstreifen. Basilikumblätter abzupfen, einen Teil davon beiseitelegen, die übrigen Kräuter hacken. Knoblauch und Zwiebel schälen und fein hacken.

2 In einem großen Topf Zwiebel und Knoblauch im Öl andünsten. Tomaten dazugeben und 10 Min. bei mittlerer Hitze garen. Brot, Kräuter und Brühe hinzufügen, die Suppe salzen und pfeffern.

3 Alles noch etwa 20 Min. garen, bis sich das Brot auflöst, und die Suppe schön dickflüssig ist. Dabei sehr oft umrühren und nur bei Bedarf noch etwas Wasser zugießen – die Suppe soll in der Konsistenz eher wie ein Brei sein. Suppe auf Teller verteilen, mit dem übrigen Basilikum bestreuen, mit Öl beträufeln.

GETRÄNKE-TIPP
Dazu passt ein fruchtiger Rotwein.

preiswert/für Gäste

Tomatencreme-suppe (im Bild rechts)

Für 4 Personen | 50 Min. Zubereitungszeit
Pro Portion ca. 195 kcal

1 kg reife Tomaten (ersatzweise 1 große Dose, 800 g Inhalt, gehäutete Tomaten)
1 Möhre
1 Stange Lauch
2 Knoblauchzehen
2 EL Butter
1 EL Mehl
Salz
Pfeffer
1 Prise Zucker
1 Bund Minze
150 g Sahne

1 Stielansätze der Tomaten entfernen, die Tomaten kurz überbrühen, häuten und in kleine Würfel schneiden. Die Möhre schälen und klein würfeln. Den Lauch putzen, der Länge nach aufschlitzen und gründlich waschen, dann ebenfalls fein hacken. Knoblauch schälen und hacken.

2 Die Butter in einem großen Topf zerlassen. Möhre, Lauch und Knoblauch darin andünsten. Mit dem Mehl bestäuben und kurz anschwitzen lassen. Die Tomaten mit 1/4 l Wasser einrühren, mit Salz, Pfeffer und Zucker abschmecken, bei schwacher Hitze zugedeckt etwa 30 Min. köcheln lassen.

3 Minze waschen und trocken schütteln. Ein paar schöne Blättchen zum Garnieren beiseitelegen, den Rest fein hacken. Suppe pürieren, gehackte Minze untermischen. Die Suppe abschmecken, die Sahne unterziehen, mit Minze garniert servieren.

preiswert/französisch angehaucht

Zwiebeleintopf mit Schichtkäse-Baguette

Für 4 Personen | 40 Min. Zubereitungszeit | Pro Portion ca. 340 kcal

1 Bund Zitronenthymian | 300 g Knollensellerie | 400 g breite grüne Bohnen | je 1 TL Öl und Butter | 1 EL Zucker | 1 ½ l Gemüsebrühe | 600 g rote Zwiebeln | abgeriebene Schale von 1 Bio-Zitrone | frisch gemahlener Pfeffer | Salz | 1 Baguette (zum Fertigbacken) | 2 Knoblauchzehen | 150 g Schichtkäse

1 Thymian waschen, trocken schütteln, 8 Zweige beiseitelegen. Sellerie schälen, klein würfeln, Bohnen waschen, in 2–3 cm große Stücke schneiden. Öl und Butter erhitzen, alles darin 2–3 Min. dünsten. Zucker darüberstreuen, karamellisieren lassen. Brühe angießen, aufkochen, bei mittlerer Hitze 10 Min. kochen lassen.

2 Backofen auf 250° (Umluft 220°) vorheizen. Zwiebeln schälen, in Spalten schneiden. Nach 5 Min. mit der Zitronenschale zum Eintopf geben, Thymian entfernen. Mit Pfeffer und Salz abschmecken. Das Baguette schräg in 8 große Scheiben schneiden. Den Knoblauch schälen, durch eine Knoblauchpresse drücken und daraufstreichen. Mit Käse belegen, salzen und pfeffern. Vom beiseitegelegten Thymian die Blättchen abstreifen, darüberstreuen. Im Ofen (Mitte) etwa 5 Min. backen. Mit dem Eintopf servieren.

Klassiker auf neue Art

Steckrüben-eintopf

Für 4 Personen | 40 Min. Zubereitungszeit
Pro Portion ca. 240 kcal

1 Steckrübe (etwa 600 g)
500 g festkochende Kartoffeln
1 Zwiebel
50 g Butter
1 l Gemüsebrühe (selbst gemacht oder Instant)
1–2 Stangen Lauch (etwa 300 g)
1 Bund Petersilie (ersatzweise 1 Kästchen Kresse)
Salz
schwarzer Pfeffer
1 TL Sojasauce
1 TL Senf

1 Die Steckrübe und die Kartoffeln waschen, schälen und in mundgerechte Würfel schneiden. Die Zwiebel schälen und würfeln.

2 In einem Topf 1 EL Butter erhitzen und die Zwiebel darin glasig braten. Die Steckrüben- und Kartoffelwürfel dazugeben. Die Brühe angießen und den Eintopf in etwa 20 Min. garen.

3 Inzwischen den Lauch putzen, längs aufschlitzen, gründlich waschen und in etwa 1 cm breite Streifen schneiden. In den Eintopf geben und mitgaren.

4 Die Petersilie waschen, trocken schütteln und hacken. Die restliche Butter in den Eintopf geben. Mit Salz, Pfeffer, Sojasauce und Senf kräftig würzen. Zum Schluss die Petersilie darüberstreuen und servieren.

gut vorzubereiten

Süßkartoffel-suppe mit Ingwer

Für 4 Personen | 25 Min. Zubereitungszeit
Pro Portion ca. 185 kcal

1 Stück frischer Ingwer (etwa 7 cm)
1 Zwiebel
300 g Süßkartoffeln
1 EL Rapsöl
350 ml Gemüsebrühe
80 g Sahne
Salz
Pfeffer
einige Stängel Kerbel zum Garnieren

1 Den Ingwer und die Zwiebel schälen und klein würfeln. Süßkartoffeln waschen, schälen und ebenfalls in kleine Würfel schneiden.

2 Öl in einem Topf erhitzen und darin die Zwiebeln glasig braten. Süßkartoffeln und Ingwer zugeben und etwa 2 Min. mitbraten. Gemüsebrühe angießen, aufkochen und alles etwa 10 Min. köcheln lassen.

3 Die Sahne untermischen und die Süßkartoffelsuppe mit dem Pürierstab pürieren. Noch einmal aufkochen lassen. Mit Salz und Pfeffer würzen und mit Kerbel garniert servieren.

UND DAZU?

Servieren Sie zu dieser Suppe Baguette und einen Weißwein oder einen Fruchtsaft nach Belieben.

Nudeln, Getreide, Kartoffeln, Eier & Hülsenfrüchte

Kartoffeln, Hülsenfrüchte, Eier, Getreide und Nudeln stehen hier unbestritten im Mittelpunkt – raffinierte Kombinationen warten darauf, ausprobiert und verspeist zu werden. Die Ideen dafür stammen aus der ganzen Welt …

Klassiker auf neue Art/aus Italien

Lasagne mit Spinat und Ricotta

Für 6 Personen | 1 Std. 35 Min. Zubereitungszeit | 40 Min. Backen
Pro Portion ca. 600 kcal

1 kg Blattspinat | Salz | 2 Knoblauchzehen | 1 Zwiebel | 2 EL Olivenöl | frisch gemahlener weißer Pfeffer | 1 Bund Suppengrün | 1 Dose geschälte Tomaten (800 g Inhalt) | 1 getrocknete Chilischote (nach Belieben) | 4–5 Zweige Rosmarin | 1 Bund Basilikum | 400 g frischer Ricotta | 2 Eier | 150 g frisch geriebener Parmesan | 2 Kugeln Mozzarella (à 125 g) | 250 g Lasagneblätter (ohne Vorkochen) | 1 EL Butter

1 Den Spinat verlesen, gründlich waschen, von den dicken Stielen befreien. In einem großen Topf reichlich Salzwasser zum Kochen bringen. Spinat darin etwa 2 Min. blanchieren, kalt abschrecken, abtropfen lassen und grob hacken. Knoblauch und Zwiebel schälen und fein würfeln. 1 EL Öl in einer Pfanne erhitzen. Knoblauch und Zwiebel darin glasig dünsten. Den Spinat hinzufügen und alles unter Rühren weitergaren, bis die Flüssigkeit verdampft ist, salzen und pfeffern.

2 Das Suppengrün putzen, waschen und fein zerkleinern. Das Gemüse in einem Topf im übrigen Öl anbraten. Die Tomaten unterrühren. Das Ragout salzen, pfeffern und nach Belieben mit der zerkrümelten Chilischote würzen. Offen bei mittlerer Hitze etwa 20 Min. garen. Die Kräuter waschen, trocken schütteln, ohne Stiele fein zerkleinern und unter die Tomatensauce mischen. Den Ricotta mit einer Gabel zerdrücken, mit den Eiern und der Hälfte des Parmesans gründlich verrühren, salzen und pfeffern. Den Mozzarella abtropfen lassen und in Scheiben schneiden.

3 Backofen auf 200° vorheizen. Eine große Auflaufform lagenweise füllen: eine Schicht Nudelblätter, etwas Ricottacreme, Spinat, Mozzarellascheiben, Lasagneblätter, Tomatensauce, Spinat, Mozzarella. Die letzte Schicht soll aus Nudelblättern bestehen. Mit dem übrigen Parmesan bestreuen und mit Butterflöckchen belegen. Lasagne im heißen Ofen (Mitte, Umluft 180°) etwa 40 Min. backen, bis sie schön gebräunt ist.

aus Italien/würzig

Mangoldrisotto

Für 4 Personen | 1 Std. Zubereitungszeit
Pro Portion ca. 570 kcal

200 g Mangold | 1 Bund Suppengrün | ½ Bio-Zitrone | 1–2 Knoblauchzehen | 3 EL Butter | 400 g Risottoreis | ¼ l trockener Weißwein | ¾ l Gemüsebrühe | 2 TL Tomatenmark | 1 TL Kapern | 50 g frisch geriebener Parmesan | Salz | frisch gemahlener weißer Pfeffer

1 Mangold waschen und putzen. Die Blätter in Streifen schneiden, Stiele fein hacken. Das Suppengrün putzen und würfeln. Die Zitrone waschen. Die Schale dünn abschälen und fein hacken. Knoblauch schälen und hacken.

2 Die Hälfte der Butter erhitzen. Suppengrün und Knoblauch darin glasig dünsten. Den ungewaschenen Reis dazugeben und unter Rühren andünsten. Mangold kurz mitdünsten.

3 Wein und Brühe mischen. Etwa ein Viertel davon zum Reis geben. Tomatenmark, Zitronenschale und Kapern hinzufügen und die Flüssigkeit unter Rühren offen einkochen lassen.

4 Das zweite Viertel der Brühe hinzufügen und einkochen lassen. Die restliche Brühe dazugeben, dann den Reis zugedeckt bei mittlerer Hitze noch etwa 20 Min. garen. Dabei immer wieder durchrühren und bei Bedarf noch etwa ⅛ l Wasser dazugeben.

5 Die übrige Butter und Parmesan darunter mischen, alles salzen und pfeffern.

aus Thailand/herzhaft

Reisnudeln mit Peperoni

Für 4–5 Personen
25 Min. Zubereitungszeit
Pro Portion ca. 240 kcal

200 g Reisnudeln (etwa 1–2 cm breit)
200 g Austernpilze
5 Knoblauchzehen
2 rote Peperoni
100 g rotes Thai-Basilikum (Bai Grapau)
5 EL neutrales Öl
3 EL helle Sojasauce
1 EL dunkle Sojasauce
2 EL Zucker
Salz

1 In einem Topf reichlich Wasser zum Kochen bringen. Die Reisnudeln darin in etwa 4 Min. garen, dann abgießen, mit kaltem Wasser kurz abspülen und gut abtropfen lassen.

2 Die Austernpilze putzen, waschen und grob hacken. Den Knoblauch schälen und fein hacken. Die Peperoni waschen, entstielen und hacken. Das Basilikum waschen und die Blätter abzupfen.

3 Das Öl in einer Pfanne stark erhitzen. Die Peperoni und den Knoblauch darin etwa 1 Min. scharf anbraten. Die Nudeln, die Pilze, die Sojasaucen und den Zucker hinzufügen. Alles gründlich verrühren. Zum Schluss die Basilikumblätter untermischen. Die Nudeln noch einmal mit Salz und Zucker abschmecken.

Schweizer Klassiker

Rösti mit Pilzragout

Für 4 Personen | 1 Std. Zubereitungszeit | Pro Portion ca. 370 kcal

750 g festkochende Kartoffeln | 2 Zwiebeln | Salz | Pfeffer | 2 EL Butterschmalz | 400 g Champignons | ½ Bund Petersilie | 1 EL Butter | 50 ml Weißwein (ersatzweise Gemüsebrühe) | 100 ml Milch | 200 g Sahne

1 Kartoffeln waschen und mit Schale in etwa 10 Min. nicht ganz gar kochen. Inzwischen 1 Zwiebel schälen, fein würfeln. Kartoffeln abgießen, pellen und grob reiben, mit den Zwiebelwürfeln mischen, salzen und pfeffern.

2 In einer Pfanne 1 EL Butterschmalz erhitzen, Kartoffeln darin gesamt oder portionsweise bei schwacher Hitze 15 Min. braten.

3 Für die Sauce die andere Zwiebel schälen und würfeln. Pilze trocken abreiben, putzen, in Scheiben schneiden. Petersilie waschen, trocken schütteln, fein hacken. Butter in einem Topf zerlassen, Zwiebel anschwitzen. Pilze zugeben, bei starker Hitze etwa 5 Min. anbraten. Wein, Milch, Sahne zufügen, bei geringer Hitze köcheln lassen.

4 Sind die Rösti auf der einen Seite fertig, auf einen Teller gleiten lassen, restliches Butterschmalz schmelzen, Rösti umdrehen und in etwa 15 Min. fertig braten. Petersilie in die Sauce rühren, salzen und pfeffern, zu den Rösti servieren.

herzhaft/gut vorzubereiten

Steckrüben-Grünkern-Gratin

Für 4 Personen | 35 Min. Zubereitungszeit | 30 Min. Backen
Pro Portion ca. 380 kcal

400 ml Gemüsebrühe
150 g Grünkernschrot (Reformhaus)
1 EL Currypulver | 2 Eier
400 g Steckrüben
300 g Möhren
1 Bund Frühlingszwiebeln
1 Prise frisch geriebene Muskatnuss
Salz | Pfeffer | Öl für die Form
120 g frisch geriebener Parmesan

1 Die Brühe aufkochen lassen. Den Grünkernschrot einrühren und 5 Min. köcheln lassen. Topf vom Herd ziehen, den Schrot 20 Min. quellen lassen, dann Curry und Eier untermischen.

2 Inzwischen den Backofen auf 175° vorheizen. Die Steckrüben und die Möhren schälen und grob raspeln. Die Frühlingszwiebeln putzen und samt Grün in feine Ringe schneiden. Alles mit Muskatnuss, Salz und Pfeffer mischen.

3 Eine feuerfeste Form einfetten. Abwechselnd eine Schicht Grünkernmasse und Gemüse in die Form geben. Mit einer Schicht Grünkern abschließen und mit Parmesan bestreuen. Im heißen Ofen (Mitte, Umluft 160°) etwa 30 Min. backen.

UND DAZU?

Als Beilage dazu passt Tomatensauce und als Getränk servieren Sie am besten Rotwein.

aus China/würzig

Gebratener Tofu mit Weißkohl

Für 4–5 Personen | 40 Min. Zubereitungszeit
Pro Portion ca. 290 kcal

1 l neutrales Öl
200 g schnittfester Tofu
400 g Weißkohl
150 g Sojabohnensprossen
3 Knoblauchzehen
2 EL Bohnensauce (Asienladen)
2 EL Zucker
2 EL helle Sojasauce
2 EL Mirin (Asienladen)
1 EL Sesamöl

1 Das Öl in einem Topf stark erhitzen. Den Tofu unter fließendem kaltem Wasser abspülen, trocken tupfen und in etwa 5 cm lange, 2 cm breite und ½ cm dicke Streifen schneiden. Die Streifen im heißen Öl in etwa 3 Min. frittieren, mit einem Schaumlöffel herausnehmen und auf Küchenpapier abtropfen lassen.

2 Vom Kohl die äußeren Blätter entfernen. Den Kohl vierteln, vom Strunk befreien und in mundgerechte Stücke schneiden. Die Sojabohnensprossen waschen und abtropfen lassen. Den Knoblauch schälen und fein hacken.

3 Von dem Öl 8 EL in einer Pfanne erhitzen. Den Knoblauch darin goldgelb braten. Den Kohl, die Bohnensauce, den Zucker, die Sojasauce, den Mirin und das Sesamöl etwa 2 Min. bei starker Hitze mitbraten. Die Sojabohnensprossen und den Tofu dazugeben und etwa 1 Min. miterhitzen.

ohne Ei/gelingt leicht

Grüne Kartoffeln aus dem Wok

Für 4 Personen | 35 Min. Zubereitungszeit | Pro Portion ca. 550 kcal

1 kg extra kleine festkochende Kartoffeln | Salz | 700 g Spinat | 1 großes Bund Frühlingszwiebeln (etwa 300 g) | 2 Kugeln Mozzarella (à 125 g) | 1 Bund Thymian | 1 Knoblauchzehe | 2 EL Butterschmalz | 75 g Cashewkerne | frisch gemahlener schwarzer Pfeffer | frisch geriebene Muskatnuss

1 Die Kartoffeln waschen, mit der Schale in Salzwasser in etwa 20 Min. gar kochen, schälen und größere Kartoffeln halbieren. Den Spinat waschen und putzen, in kochendem Salzwasser blanchieren und auf einem Sieb sehr gut abtropfen lassen. Wenn die Blätter sehr groß sind, den Spinat grob hacken.

2 Die Frühlingszwiebeln waschen, putzen und schräg in etwa ½ cm breite Ringe schneiden. Den Mozzarella in etwa 1 cm große Würfel schneiden. Den Thymian waschen, trocknen, die Blättchen von den Stielen zupfen. Den Knoblauch schälen.

3 Butterschmalz im Wok erhitzen, Kartoffeln dazugeben und unter Rühren etwa 5 Min. braten. Cashewkerne dazugeben und nochmals 2 Min. braten. Zwiebelringe und Spinat dazugeben, mit dem durchgepressten Knoblauch weitere 3 Min. unter Rühren braten, mit Salz, Pfeffer und Muskat würzen. Thymian und Mozzarella dazugeben. Den Wok zudecken, bis der Käse zerlaufen ist.

raffiniert / würzig

Dicke Bohnen gratiniert

Für 4 Personen | 1 Std. Zubereitungszeit | 20 Min. Backen
Pro Portion ca. 740 kcal

600 g festkochende Kartoffeln | Salz | 2 ½ kg dicke Bohnen | 1 Zwiebel | 2 EL Öl | 1 Knoblauchzehe | ¼ l Gemüsebrühe (selbst gemacht oder Instant) | je ½ Bund Bohnenkraut, Rucola und Petersilie | 150 g Schafkäse (Feta) | 200 g Schmand | schwarzer Pfeffer | ½ TL Aceto balsamico | Fett für die Form

1 Die Kartoffeln waschen und in 20–30 Min. in kochendem Salzwasser garen. Inzwischen die Bohnen enthülsen. Die Zwiebel schälen und würfeln.

2 Das Öl in einem Topf erhitzen. Die Zwiebel darin glasig braten. Den Knoblauch schälen, durch die Presse dazudrücken und mitbraten. Die Bohnen mit der Brühe dazugeben. Zugedeckt in 20–25 Min. weich dünsten.

3 Die Kräuter waschen und hacken. Den Käse in Würfel schneiden. Dann die Kartoffeln abgießen, pellen und in Scheiben schneiden. Den Backofen auf 220° vorheizen und eine Auflaufform einfetten.

4 Den Schmand unter die Bohnen rühren. Das Gemüse mit Salz, Pfeffer und Aceto balsamico abschmecken. Die Kräuter dazugeben.

5 Kartoffeln und Bohnen in die Form geben. Den Käse darauf verteilen. Das Gratin im Ofen (Mitte, Umluft 200°) in 15–20 Min. goldbraun backen.

schnell

Süßkartoffelcurry

Für 4 Personen
30 Min. Zubereitungszeit
Pro Portion ca. 345 kcal

800 g feste Süßkartoffeln
3 Zwiebeln (200 g)
2 Äpfel (200 g)
200 g Champignons
100 g gegarte Kichererbsen (aus der Dose)
2 EL Sonnenblumenöl
200 ml Gemüsebrühe
2 EL Currypulver
Salz
Pfeffer

1 Süßkartoffeln waschen, schälen, in 3 cm große Stücke schneiden. Die Zwiebeln schälen, halbieren und in Streifen schneiden. Äpfel waschen, vierteln, entkernen und achteln. Die Champignons putzen und in Scheiben schneiden. Die Kichererbsen abtropfen lassen.

2 Das Öl erhitzen und die Zwiebeln darin glasig braten. Süßkartoffeln 2 Min. mitbraten. Die Äpfel unterrühren und alles zusammen mit der Gemüsebrühe aufkochen lassen. Dann mit Champignons, Curry und Kichererbsen weitere 3 Min. köcheln lassen. Salzen und pfeffern.

TAUSCH-TIPP

Getrocknete Kichererbsen mit der dreifachen Menge Wasser über Nacht einweichen und im Einweichwasser in 45 Min. weich kochen.

UND DAZU?

Servieren Sie zu diesem Curry Reis und eine Apfelsaftschorle.

für den Frühling

Bärlauch-Ofen-kartoffeln

Für 4 Personen | 20 Min. Zubereitungszeit | 1 Std. 10 Min. Backen
Pro Portion ca. 330 kcal

4 große festkochende Kartoffeln
100 g Bärlauch (ersatzweise 100 g Bärlauchpesto)
500 g Ricotta (oder 250 g Ricotta und 250 g Magerquark)
Salz
Pfeffer
4 TL geriebener Parmesan

1 Ofen auf 200° (Umluft 180°) vorheizen. Kartoffeln waschen, abtrocknen, einzeln in Alufolie wickeln, etwa 1 Std. backen, bis sie gar sind.

2 Inzwischen Bärlauch waschen, trocken schütteln und fein hacken. Kartoffeln aus dem Ofen nehmen und der Länge nach halbieren. Mit einem Löffel auskratzen, etwa 1 cm Rand stehen lassen. Kartoffelmasse zerdrücken, mit Ricotta und Bärlauch mischen. Kräftig salzen und pfeffern.

3 In jede Kartoffelhälfte etwa 2 EL Füllung geben, mit 1 TL Parmesan bestreuen. Auf einem Blech bei Oberhitze noch einmal 10 Min. im Ofen (oben) gratinieren, bis der Parmesan goldgelb ist.

gelingt leicht/knusprig

Sesamkartoffeln vom Blech

Für 4 Personen | 15 Min. Zubereitungszeit | 1 Std. Backen
Pro Portion ca. 290 kcal

5 EL Olivenöl
Salz
2 EL Sesamsamen
1 kg festkochende Kartoffeln

1 Das Öl in einer großen Schüssel mit Salz und dem Sesam mischen. Den Backofen auf 200° vorheizen.

2 Die ungeschälten Kartoffeln gründlich abbürsten, abtrocknen und halbieren. Dann die Kartoffeln in der Schüssel mit dem Öl schwenken. Mit der Schnittfläche auf ein Backblech setzen und im Ofen (Mitte, Umluft 180°) in 50–60 Min. backen.

TAUSCH-TIPP

Ersetzen Sie die Sesamsamen durch 2 TL Kümmel, durch 2 durchgepresste Knoblauchzehen oder würzen Sie die Kartoffeln mit 2 TL Rosmarinnadeln.

UND DAZU?

Servieren Sie zu diesen knusprigen Blechkartoffeln einen feinen Dip, wie etwa einen Kräuterquark. Hacken Sie hierfür 2 Bund gemischte Kräuter fein und verrühren sie mit 500 g Quark. Salzen, pfeffern, nach Geschmack mit Senf und Zitronensaft würzen und alles gut verrühren.

Spezialität aus Venetien

Risotto mit Radicchio (im Bild)

Für 4 Personen | 30 Min. Zubereitungszeit
Pro Portion ca. 605 kcal

200 g länglicher Radicchio
1 Zwiebel
1 1/8 l Gemüsebrühe
1 EL Olivenöl
2 EL Butter
350 g Risotto-Reis (z.B. Carnaroli-Reis)
1/8 l Weißwein
4 EL frisch geriebener Parmesan
Salz
Pfeffer

1 Radicchioblätter abzupfen, waschen, abtropfen lassen und in etwa 1 cm breite Streifen schneiden. Die Strünke schälen und würfeln. Zwiebel schälen und hacken. Die Brühe erhitzen.

2 In einem Topf mit breitem Boden Öl mit 1 EL Butter erhitzen, Zwiebel darin goldgelb braten. Radicchio unterrühren und 1 Min. mitbraten. Reis dazugeben und unter Rühren anbraten. Mit Wein aufgießen und verdampfen lassen.

3 Nach und nach kellenweise die Brühe zugießen. Bei schwacher Hitze unter mehrmaligem Rühren kochen lassen, bis die Flüssigkeit nahezu aufgesogen ist. So viel Brühe zugießen, wie der Reis aufnimmt. Etwa 18 Min. kochen lassen. Der Reis soll noch Biss haben und geschmeidig sein. Übrige Butter und Parmesan unterrühren. Salzen und pfeffern und sofort servieren.

mediterran/preiswert

Polentaschnitten mit Pilztomaten

Für 4 Personen | 1 Std. Zubereitungszeit
Pro Portion ca. 425 kcal

250 g feine Polenta | Salz
1 EL Butter
100 g frisch geriebener Parmesan oder Pecorino
800 g Tomaten
300 g Champignons
1 Bund Suppengrün
1 Zwiebel
2 EL Olivenöl
Pfeffer
Cayennepfeffer
1 Bund Basilikum

1 1 l Wasser zum Kochen bringen. Die Polenta und 1 kräftige Prise Salz einrühren und bei schwacher Hitze 20 Min. quellen lassen. Dann Butter und Käse unterrühren, die Polenta etwa 1 cm dick auf ein Brett streichen und abkühlen lassen.

2 Inzwischen Stielansätze der Tomaten entfernen, Tomaten kurz überbrühen, häuten und klein würfeln. Pilze putzen und vierteln. Suppengrün waschen oder schälen und mit der geschälten Zwiebel fein hacken.

3 Zwiebel und Suppengrün in 1 EL Öl andünsten. Pilze kurz mitbraten. Tomaten zugeben, mit Salz, Pfeffer und Cayennepfeffer abschmecken und zugedeckt bei mittlerer Hitze 20 Min. schmoren.

4 Die Polenta in Stücke schneiden. Übriges Öl in einer Pfanne erhitzen und die Scheiben darin von beiden Seiten braun braten. Basilikumblätter grob zerzupfen und das Gemüse damit bestreuen. Mit den Polentaschnitten servieren.

gut vorzubereiten

Kürbis-Gnocchi

Für 4 Personen | 40 Min. Zubereitungszeit | Pro Portion ca. 300 kcal

600 g Hokkaido-Kürbis | 100 ml Gemüsebrühe | Salz | 150 g Mehl | 1 Ei | 120 g frisch geriebener Parmesan | 2 Prisen frisch geriebene Muskatnuss | 1 TL Majoran | Pfeffer

1 Backofen auf 160° vorheizen. Kürbis waschen, putzen und in 3 cm dicke Stücke schneiden. In einem Topf in der Brühe etwa 15 Min. köcheln lassen. Die Kürbisstücke dann herausnehmen, abtropfen lassen und auf einem gefetteten Backblech 4–5 Min. im Backofen (Mitte, Umluft 150°) trocknen lassen.

2 Salzwasser zum Kochen bringen. Kürbis durch eine Kartoffelpresse drücken und mit Mehl, Ei, Parmesan, Muskatnuss, Majoran, Salz und Pfeffer zu einem glatten Teig verkneten.

3 Mit zwei Teelöffeln Gnocchi ausstechen und formen. Ins kochende Wasser gleiten lassen und bei schwacher Hitze etwa 10 Min. ziehen lassen, bis sie zur Oberfläche aufsteigen. Dann die Gnocchi herausheben und warm halten. Dazu schmecken Salbeibutter und Parmesan oder die Sahnepilze von Seite 73.

aus Thailand/scharf

Grüner Curry-Tofu

Für 4–5 Personen
20 Min. Zubereitungszeit
Bei 5 Personen pro Portion ca. 180 kcal

500 g schnittfester Tofu
1 Dose Bambussprossen (540 g Abtropfgewicht)
100 g grüne Thai-Basilikumblätter (Bai Horapha)
5 Kaffirlimettenblätter
1 rote Chilischote
400 ml Kokosmilch
2 EL scharfe grüne Currypaste (aus dem Glas)
5 EL helle Sojasauce
½ TL Salz
2 EL Palmzucker (ersatzweise brauner Zucker)

1 Den Tofu unter fließendem kaltem Wasser abspülen, abtropfen lassen und in etwa 4 cm lange, 1½ cm breite und 1 cm hohe Stücke schneiden. Die Bambussprossen abspülen, der Länge nach halbieren und in feine Scheiben schneiden.

2 Die Basilikum- und Limettenblätter waschen und trocken schütteln. Die Limettenblätter der Länge nach aufrollen und in haarfeine Streifen schneiden. Die Chili waschen, entstielen, der Länge nach halbieren und ebenfalls in feine Streifen schneiden.

3 Von dem dicken Teil der Kokosmilch 3 EL abnehmen und in einem Topf zum Kochen bringen. Die Currypaste einrühren und etwa 3 Min. bei schwacher Hitze unter ständigem Rühren kochen lassen. Die Tofustücke und die Limettenblätterstreifen in die Kokosmilch geben und noch 1 Min. mitköcheln lassen.

4 Die restliche Kokosmilch, ⅛ l Wasser, die Bambusscheiben, die Sojasauce, Salz und Palmzucker dazugeben. Alles etwa 3 Min. bei schwacher Hitze garen. Die Basilikumblätter und die Chili unterheben. Den Curry-Tofu noch einmal mit Salz und Palmzucker abschmecken.

TIPP
Grüner Curry-Tofu ist ein besonders scharfes Gericht. Deshalb probieren Sie am besten aus, welche Schärfe Ihnen zusagt, und dosieren die Currypaste zu Anfang vorsichtig, dann nach Geschmack.

Klassiker auf neue Art/gut vorzubereiten

Gnocchi mit Sahnepilzen

Für 4 Personen | 1 Std. Zubereitungszeit | 1 Std.–1 Tag Ruhen
Pro Portion ca. 595 kcal

1 kg mehligkochende Kartoffeln | Salz | 40 g getrocknete Steinpilze | 150 g Mehl | 100 g Hartweizengrieß | 600 g Steinpilze, Kräuterseitlinge oder Egerlinge | 2 EL Zitronensaft | 2 EL Butter | 150 ml Gemüsebrühe | 200 g Sahne | frisch gemahlener Pfeffer | 1 EL gehackte Petersilie

1 Kartoffeln in Salzwasser in etwa 20 Min. weich kochen. Etwas ausdampfen lassen, noch heiß schälen und durch die Kartoffelpresse drücken.

2 Getrocknete Pilze in der Küchenmaschine fein zerkleinern. Mit Kartoffeln, Mehl, Grieß und Salz zu einem Teig verkneten.

3 Den Teig zu fingerdicken Rollen formen, in 3 cm lange Stücke schneiden und mit der Gabel eindrücken. 1 Std. (besser 1 Tag) ruhen lassen.

4 Frische Pilze putzen, in dünne Scheiben schneiden, mit Zitronensaft mischen. Gnocchi in Salzwasser 10 Min. ziehen lassen. Pilze 3–4 Min. in der Butter unter Rühren braten. Brühe und Sahne aufgießen, cremig einkochen und mit Salz und Pfeffer würzen.

5 Petersilie unter die Pilze mischen. Gnocchi mit dem Schaumlöffel aus dem Wasser heben, mit Pilzen anrichten.

VARIANTE – BREZENKNÖDEL

Brezenknödel statt Gnocchi schmecken auch sehr lecker zu den Sahnepilzen. 14 altbackene Brezen in Scheiben in ⅜ l lauwarmer Milch 20 Min. einweichen. Mit 3 Eiern, 1 gehackten Zwiebel, 2 EL gehackter Petersilie, Salz und Pfeffer verkneten. Zu acht Knödeln formen und wie die Gnocchi 15 Min. garen.

herzerwärmend/deftig

Mangoldgemüse mit Linsen

Für 4 Personen | 30 Min. Zubereitungszeit | Pro Portion ca. 285 kcal

150 g Berglinsen | 2 Lorbeerblätter | 1 l Gemüsebrühe | 600 g Mangold | 500 g Kartoffeln | 1 Frühlingszwiebel | 3 Knoblauchzehen | ½ TL gemahlener Koriander | Salz | Pfeffer | 1 EL Olivenöl | Saft von 1 Zitrone

1 Die Linsen waschen und mit den Lorbeerblättern in der Gemüsebrühe aufkochen und 10 Min. garen.

2 Inzwischen das Gemüse waschen. Den Mangold putzen, in Stiele und Grün trennen und beides separat in Streifen schneiden. Die Kartoffeln schälen und würfeln. Frühlingszwiebel putzen, den Knoblauch schälen und beides klein schneiden.

3 Mangoldstiele, Kartoffeln und Zwiebelweiß zu den Linsen geben und 15 Min. mitkochen. Mangold-, Zwiebelgrün und Koriander untermischen und mit Salz und Pfeffer würzen.

4 Das Olivenöl erhitzen und den Knoblauch darin glasig braten. Mit Zitronensaft ablöschen und alles unter das Gemüse rühren. Dazu passen Spätzle.

asiatisch

Gemüse-Tofu-Pfanne

Für 4 Personen | 35 Min. Zubereitungszeit
Pro Portion ca. 450 kcal

300 g Tofu | 4 EL Sojasauce | ½ Spitzkohl oder junger Weißkohl (etwa 600 g) | 3 Möhren | 200 g Zuckerschoten | 200 g Baby-Maiskölbchen (ersatzweise aus der Dose) | 2 EL Fischsauce | 150 ml Gemüsefond (aus dem Glas) | Pfeffer | 1 TL Speisestärke | 5 EL Erdnussöl | Salz

1 Tofu würfeln, in 2 EL Sojasauce wenden. Den Kohl putzen, achteln, vom Strunk befreien und in 1 cm breite Streifen schneiden. Möhren schälen und in feine Stifte schneiden. Zuckerschoten waschen. Maiskölbchen waschen und längs halbieren. Übrige Sojasauce, Fischsauce, Fond, Pfeffer und Speisestärke verquirlen. Tofu abtropfen lassen.

2 2 EL Öl im Wok oder in einer breiten Pfanne heiß werden lassen. Tofu darin in 2 Min. rundherum braun anbraten, mit Salz und Pfeffer würzen, herausnehmen.

3 Restliches Öl in der Pfanne erhitzen, Kohl und Möhren dazugeben und unter Rühren 3 Min. scharf anbraten. Zuckerschoten und Maiskölbchen 2 Min. mitbraten.

4 Mit der Würzsauce ablöschen, aufkochen und das Gemüse unter ständigem Rühren in 5 Min. bissfest garen. Tofu darüberstreuen. Dazu passt Basmatireis.

für Gäste

Löwenzahn-Brennnessel-Lasagne

Für 6 Personen | 45 Min. Zubereitungszeit | 40 Min. Backen
Pro Portion ca. 535 kcal

400 g Löwenzahn | 400 g junge Brennnesseln | 1 Stange Lauch | 5 EL Butter | 1 kleine Dose Tomaten (400 g Inhalt) | 4 EL Mehl | 3/4 l Milch | 2 Kugeln Mozzarella (à 125 g) | Salz | frisch gemahlener Pfeffer | 250 g Lasagneplatten (ohne Vorkochen) | 100 g frisch geriebener Parmesan

1 Löwenzahn und Brennnesseln waschen, trocken schleudern und fein hacken. Lauch putzen, waschen, in feine Streifen schneiden und in 1 EL Butter andünsten. Die Kräuter dazugeben und zusammenfallen lassen. Tomaten etwas kleiner schneiden und untermischen. Alles offen bei mittlerer Hitze etwa 15 Min. köcheln lassen.

2 Für die Béchamel die restliche Butter schmelzen, das Mehl darin anschwitzen. Die Milch unter Rühren dazugießen und die Sauce 10 Min. bei schwacher Hitze köcheln lassen.

3 Den Mozzarella in kleine Würfel schneiden. Kräutersauce mit Salz und Pfeffer abschmecken und den Backofen auf 180° vorheizen.

4 Eine feuerfeste Form lagenweise mit Nudelplatten, Kräutersauce und Béchamel füllen, dabei Sauce mit Mozzarella und Parmesan bestreuen. Zuoberst Béchamel verteilen. Lasagne im Ofen (Mitte, Umluft 160°) etwa 40 Min. backen, bis sie weich und goldbraun ist.

TAUSCH-TIPP
Statt Löwenzahn und Brennnesseln können Sie auch Bärlauch und Rucola nehmen oder eines der Wildkräuter durch jungen Spinat ersetzen.

frisch und frühlingshaft

Kräuter-Gnocchi

Für 4 Personen | 20 Min. Zubereitungszeit
Pro Portion ca. 270 kcal

800 g Gnocchi (aus dem Kühlregal)
Salz
1 Bund gemischte Kräuter
4 EL Butter
100 ml Gemüsebrühe
Pfeffer
4 EL frisch gehobelter Parmesan

1 Die Gnocchi nach Packungsangabe in reichlich kochendem Salzwasser garen. Die Kräuter waschen, trocken schütteln und dann bis auf einige Blättchen fein hacken.

2 Butter und Brühe in einer großen Pfanne erhitzen. Die abgetropften Gnocchi darin schwenken und die Kräuter untermischen. Dann die Gnocchi salzen und pfeffern und mit den restlichen Kräuterblättchen und Parmesan bestreuen.

feurig/mal was anderes

Penne mit Mandelsauce

Für 4 Personen | 50 Min. Zubereitungszeit
Pro Portion ca. 680 kcal

150 g Mandeln
400 g Penne
Salz
200 g Zwiebeln
2 Knoblauchzehen
1 Bund Petersilie
3 rote Chilischoten
3 EL Olivenöl
100 ml Brühe
100 ml Weißwein (ersatzweise Brühe)
Pfeffer

1 Die Mandeln blanchieren und häuten. 100 g fein mahlen, den Rest grob hacken. Die Nudeln in reichlich kochendem Salzwasser nach Packungsangabe garen.

2 Zwiebeln und Knoblauch schälen und fein hacken. Petersilie waschen, trocken schütteln und die Blättchen abzupfen. Chilis waschen, längs halbieren, putzen und fein würfeln.

3 Öl erhitzen und die Zwiebeln darin glasig braten. Die Hälfte der Chilis 2–3 Min. mitbraten. Gemahlene Mandeln zugeben, unter Rühren anrösten. Mit Brühe und Wein ablöschen und 5 Min. bei starker Hitze einkochen lassen.

4 Die Sauce pürieren und mit Salz und Pfeffer abschmecken. Petersilie untermischen. Mit Nudeln anrichten und mit den gehackten Mandeln und den übrigen Chilis bestreuen.

schnell/gelingt leicht

Nudeln mit Rucola-Zucchini

Für 4 Personen | 20 Min. Zubereitungszeit
Pro Portion ca. 510 kcal

400 g kurze Nudeln (z. B. Penne oder Fusilli)
Salz
300 g Zucchini
100 g Rucola
2 Knoblauchzehen
2 EL Olivenöl
1 EL Kapern
100 g Sahne
frisch gemahlener Pfeffer

1 Für die Nudeln reichlich Wasser zum Kochen bringen, salzen und die Nudeln darin nach Packungsangabe al dente kochen.

2 Inzwischen Zucchini waschen, putzen und klein würfeln. Rucola waschen, trocken schleudern und fein hacken. Knoblauch schälen, klein würfeln.

3 Zucchini im heißen Öl anbraten. Knoblauch zugeben, dann Rucola, Kapern und Sahne untermischen. Alles offen bei mittlerer Hitze etwa 5 Min. garen. Mit Salz und Pfeffer abschmecken. Die Nudeln abgießen und mit der Sauce mischen.

TIPP
Wenn Sie kleine junge Zucchini mit Blüten bekommen, können Sie die Blüten mitschmoren. Einfach mit dem gehackten Rucola dazugeben.

pfeffrig/preiswert

Pfeffer-Sahne-Nudeln

Für 4 Personen | 20 Min. Zubereitungszeit
Pro Portion ca. 510 kcal

400 g Makkaroni
Salz
½ l Milch
300 g Sahneschmelzkäse
1 EL Saucenbinder
1 Msp. Cayennepfeffer
Zitronensaft
1 EL Pfefferkörner
2 EL rosa Pfefferbeeren

1 Makkaroni in reichlich kochendem Salzwasser al dente kochen. Die Milch erwärmen und den Schmelzkäse darin unter Rühren schmelzen. Zusammen 10 Min. köcheln lassen und mit Saucenbinder andicken. Mit Cayennepfeffer und 1 Spritzer Zitronensaft abschmecken.

2 Die Pfefferkörner und -beeren im Mörser zerstoßen. Die Makkaroni mit der Käsesauce anrichten und mit dem zerstoßenen Pfeffer bestreut servieren.

sommerlich

Penne mit spanischer Paprikacreme

Für 4 Personen | 35 Min. Zubereitungszeit | Pro Portion ca. 640 kcal

500 g Penne | Salz | 2 große rote Paprikaschoten | 2 EL Olivenöl | Pfeffer | 1 Knoblauchzehe | ½ Bund Thymian | 80 g Manchegokäse | 3 EL gemahlene Mandeln | 2 EL Sherry medium (ersatzweise Traubensaft) | 1 Msp. Cayennepfeffer

1 Die Nudeln nach Packungsangabe in reichlich kochendem Salzwasser al dente kochen. Die Paprikaschoten putzen, waschen und in 3 cm große Stücke schneiden. Das Öl in einer Pfanne erhitzen, Paprikaschoten darin anbraten, salzen, pfeffern und bei mittlerer Hitze 15 Min. weiterbraten, dabei gelegentlich umrühren.

2 Inzwischen den Knoblauch schälen und in dünne Scheiben schneiden. Thymian waschen, trocken schütteln, die Blättchen abzupfen und hacken. Beides in die Pfanne geben und 5 Min. weiterbraten, bis die Paprikaschoten leicht gebräunt und weich sind. Vom Herd nehmen und etwas abkühlen lassen.

3 Käse entrinden und klein schneiden. Zusammen mit Mandeln und Sherry zu den Paprikaschoten geben und alles fein pürieren. Mit Salz, Pfeffer und Cayennepfeffer würzen. Die Nudeln abgießen, die Sauce kalt oder warm dazureichen.

sommerlich frisch

Nudeln mit Zitronenschaum

Für 4 Personen | 40 Min. Zubereitungszeit
Pro Portion ca. 760 kcal

1 Zwiebel
2 Knoblauchzehen
½ Bio-Zitrone
½ Bund Petersilie
400 g Bandnudeln
Salz
2 EL Öl
100 ml Weißwein
150 ml Gemüsebrühe
250 g Sahne
200 g Frischkäse
Pfeffer

1 Zwiebel und Knoblauch schälen und fein hacken. Die Zitrone heiß abspülen, die Schale dünn abschälen und fein hacken. Den Saft auspressen. Die Petersilie waschen, trocken schütteln, die Blättchen in Streifen schneiden. Nudeln nach Packungsangabe in Salzwasser al dente kochen.

2 Gleichzeitig Öl erhitzen, Zwiebel darin 4–5 Min. anbraten. Knoblauch 1 Min. mitbraten. Wein zugießen, fast einkochen lassen. Die Brühe und 150 g Sahne angießen, um die Hälfte einkochen lassen.

3 Den Frischkäse in die Sauce rühren. Mit Salz, Pfeffer und 1–2 EL Zitronensaft abschmecken. Zitronenschale und Petersilie untermischen. 100 g Sahne steif schlagen und vorsichtig unterheben.

4 Nudeln abtropfen lassen, mit der Sauce mischen und mit Pfeffer grob übermahlen.

gelingt leicht/fruchtig

Spaghetti mit Ofentomaten

Für 4 Personen | 35 Min. Zubereitungszeit
Pro Portion ca. 570 kcal

500 g kleine Tomaten
Salz
frisch gemahlener Pfeffer
2 Knoblauchzehen
6 EL Olivenöl
400 g Spaghetti
100 g Rucola
50 g Pecorino am Stück

1 Den Backofen auf 225° (Umluft 200°) vorheizen. Die Tomaten waschen, halbieren und die Stielansätze entfernen. Die Tomaten mit den Schnittflächen nach oben auf ein Backblech legen, leicht salzen und pfeffern. Den Knoblauch schälen und durch die Presse drücken. Mit 2 EL Öl verrühren und die Tomaten damit bestreichen. Im Ofen (Mitte) 10 Min. backen.

2 Die Nudeln nach Packungsangabe in reichlich kochendem Salzwasser al dente kochen. Inzwischen Rucola verlesen und harte Stängel entfernen. Die Blätter waschen, trocken schleudern und grob schneiden.

3 Die Nudeln abgießen, nur kurz abtropfen lassen und mit dem übrigen Öl, den gebackenen Tomaten und dem Rucola vermischen. Auf vier Teller verteilen, Pecorino mit einem Gemüse- oder Trüffelhobel darüberhobeln.

gelingt leicht/preiswert

Nudeln mit Ingwer-Rettich

Für 2 Personen | 35 Min. Zubereitungszeit
Pro Portion ca. 490 kcal

150 g asiatische Eiernudeln
Salz
2 TL Sesamöl
1 Stück weißer Rettich (etwa 350 g)
1 Stück frischer Ingwer (etwa 2 cm)
½ Bund Schnittlauch
3 EL neutrales Öl
2 EL Reiswein
2 EL Sojasauce
50 ml Gemüsebrühe
½ TL Wasabi (grüner Meerrettich)

1 Nudeln nach Packungsangabe in mildem Salzwasser kochen, kalt abschrecken, abtropfen lassen und mit dem Sesamöl mischen.

2 Rettich schälen und in dünne Stifte schneiden. Ingwer schälen, sehr fein hacken. Schnittlauch waschen, trocken schütteln, in feine Röllchen schneiden.

3 2 EL neutrales Öl im Wok erhitzen. Nudeln darin ausbreiten, 5 Min. gut anbraten. Wenden, nochmals so lange braten. Zwischen zwei Tellern warm halten.

4 Restliches Öl erhitzen. Rettich mit Ingwer darin 2–3 Min. braten. Reiswein mit Sojasauce, Brühe und Wasabi verrühren und angießen. Rettich mit Schnittlauch und mit Salz abrunden und auf den knusprigen Nudeln verteilen.

asiatisch/für Gäste

Buchweizennudeln mit Sesamspinat

Für 4 Personen | 30 Min. Zubereitungszeit
Pro Portion ca. 410 kcal

450 g TK-Blattspinat
400 g japanische Buchweizennudeln
Salz
3 EL helle Sesamsamen
2 EL Sojasauce
1 EL Reiswein (nach Belieben; ersatzweise trockener Sherry)
2 TL Zucker

1 Den Spinat nach Packungsanweisung garen. Für die Nudeln reichlich Salzwasser zum Kochen bringen. Die Nudeln darin al dente kochen.

2 Die Sesamsamen in einer Pfanne ohne Fett bei mittlerer Hitze unter Rühren leicht anrösten. In den Mörser füllen und so fein wie möglich zerdrücken. Die Sesamsamen mit der Sojasauce und dem Reiswein verrühren und mit dem Zucker abschmecken.

3 Den Spinat und die Nudeln abtropfen lassen, mit der Sesamsauce mischen und sofort servieren.

für Gäste/exotisch

Ravioli mit Süßkartoffeln

Für 4 Personen | 1 Std. Zubereitungszeit | Pro Portion ca. 595 kcal

300 g Mehl | 4 Eier | 1 EL Olivenöl | Salz | 400 g Süßkartoffeln | 150 g Frühlingszwiebeln | 1 Stück frischer Ingwer (etwa 7 cm) | 150 g Ricotta | 50 g Kürbiskerne | Pfeffer

1 Aus Mehl, Eiern, Öl und etwas Salz einen Nudelteig kneten, diesen 30 Min. zugedeckt ruhen lassen.

2 Für die Füllung Süßkartoffeln schälen und in Salzwasser in 30 Min. weich kochen. Abgießen und durch eine Kartoffelpresse drücken. Frühlingszwiebeln waschen, putzen und klein schneiden. Ingwer schälen und reiben. Alles mit Ricotta, Kürbiskernen, Salz und Pfeffer mischen.

3 Aus dem Nudelteig auf einer bemehlten Arbeitsfläche zwei gleich große dünne Teigplatten ausrollen. Auf eine Teigplatte im Abstand von 4 cm haselnussgroße Portionen Füllung geben. Die Zwischenräume mit Wasser bestreichen. Die zweite Platte darüberlegen, andrücken und aus dem Teig viereckige Ravioli schneiden.

4 Reichlich Salzwasser aufkochen lassen, die Ravioli darin 7–10 Min. ziehen lassen und herausheben. Dazu passt zerlassene Butter mit gehackten Kürbiskernen und etwas Kürbiskernöl.

orientalisch

Gemüse-Minze-Pilaw

Für 4 Personen | 50 Min. Zubereitungszeit | Pro Portion ca. 485 kcal

2 Möhren | 1 Aubergine (etwa 300 g) | 2 kleine Zwiebeln | 2 Knoblauchzehen | 6 EL Olivenöl | 2 EL Pistazienkerne | 300 g Langkornreis | 600–700 ml Gemüsebrühe | 2–3 getrocknete Chilischoten (nach Geschmack) | 1 TL gemahlener Kreuzkümmel | Salz | Pfeffer | je 1 Bund Minze und Petersilie

1 Möhren schälen und in dünne Scheiben schneiden. Aubergine waschen, längs vierteln, in Scheiben schneiden. Zwiebeln und Knoblauch schälen, fein würfeln.

2 In einem breiten Topf 3 EL Öl erhitzen, Zwiebeln und Knoblauch darin goldgelb braten. Pistazien kurz anrösten. 3 EL Öl dazugeben, erhitzen, Möhren und Auberginen unter Wenden 3 Min. mitbraten.

3 Reis einrühren und 1 Min. glasig braten. 600 ml Brühe angießen, Chilis, Kreuzkümmel, Salz und Pfeffer zufügen. Aufkochen, dann zugedeckt 20–25 Min. köcheln lassen, eventuell Brühe nachgießen.

4 Kräuter waschen, trocken schütteln, Blätter abzupfen, fein hacken. Unter den Reis mischen, nochmal abschmecken.

schnell/scharf

Borretsch-Zucchini mit Couscous

Für 4 Personen | 25 Min. Zubereitungszeit
Pro Portion ca. 435 kcal

1 Bio-Zitrone | 1 Bund Borretsch | 2 Knoblauchzehen | 800 g Zucchini | 6 EL Olivenöl | 5 EL Gemüsebrühe | je ½ TL Harissa (scharfe Paprikapaste), edelsüßes Paprikapulver und gemahlener Koriander | 300 g Instant-Couscous | Salz | 100 g Joghurt | frisch gemahlener Pfeffer

1 Die Zitrone heiß waschen, die Schale dünn abschneiden und fein hacken. Borretsch waschen, trocken schütteln und die Blättchen abzupfen, große kleiner schneiden. Den Knoblauch schälen und fein hacken. Zucchini waschen, putzen, 2 cm groß würfeln.

2 Zucchini mit Knoblauch in 2 EL Öl andünsten. Borretsch kurz mitbraten, mit der Brühe aufgießen und alle Gewürze dazugeben. Zugedeckt bei schwacher Hitze 4–5 Min. dünsten.

3 Den Couscous im übrigen Olivenöl kurz braten, vom Herd ziehen. ⅜ l kochendes Wasser mit Salz dazugießen und zugedeckt 5 Min. quellen lassen. Zitronenschale untermischen. Die Zucchini mit Joghurt mischen, mit Salz und Pfeffer abschmecken und zum Couscous servieren.

Spezialität aus Spanien

Gemüsepaella

Für 4 Personen
1 Std. Zubereitungszeit
Pro Portion ca. 250 kcal

150 g Champignons
250 g Möhren
200 g Zucchini
2 Knoblauchzehen
800 ml Gemüsebrühe
4 EL Olivenöl
250 g Langkornreis
Salz
Pfeffer
400 g rote Paprikaschoten
Sambal oelek
200 g Cocktailtomaten

1 Das Gemüse waschen, je nach Sorte putzen oder schälen. Champignons nur putzen und vierteln. Möhren und Zucchini längs in 4 cm lange Streifen schneiden. Den Knoblauch schälen und würfeln.

2 Die Gemüsebrühe aufkochen lassen. Gleichzeitig 3 EL Öl in einer Paellapfanne erhitzen. Wer keine besitzt, nimmt am besten 2 große Pfannen. Knoblauch im Öl anbraten. Den Reis hinzufügen und unter Rühren glasig werden lassen. Vorbereitetes Gemüse und die Pilze dazugeben und kurz mitbraten. Salzen und pfeffern.

3 700 ml Brühe zum Reis gießen. Den Gemüsereis bei schwacher Hitze 20–25 Min. köcheln lassen, bis der Reis gar ist, aber noch Biss hat.

4 Inzwischen die Paprikaschoten waschen, halbieren, putzen und in Stücke schneiden. Restliches Öl erhitzen, die Paprika darin anbraten. 100 ml Brühe zugießen, 10 Min. köcheln lassen, dann fein pürieren. Das Püree mit Sambal oelek und Salz abschmecken.

5 Die Paella eventuell mit Salz und Pfeffer nachwürzen. Die Tomaten waschen und halbieren, auf der Gemüsepaella verteilen. Das Paprikapüree dazu servieren.

TIPP

Wer die Paella ganz typisch mit spanischem Rundkornreis zubereiten will, verwendet am besten die Sorten Bomba, Bahia oder Thainato. Falls Sie diese nicht bekommen, können Sie auf die italienischen Rundkornsorten Arborio und Vialone ausweichen.

preiswert/schnell

Rührei mit süßscharfem Gemüse

Für 2 Personen | 25 Min. Zubereitungszeit
Pro Portion ca. 300 kcal

1 Zwiebel | 1 Möhre | 100 g breite grüne Bohnen | 1 Stange Lauch | 2 Knoblauchzehen | 3 Eier (Größe M) | 1 EL Sojasauce | 1 Bund Schnittlauch | 4 EL Öl | Salz | frisch gemahlener Pfeffer | 1 EL süßsaure Chilisauce (Fertigprodukt)

1 Zwiebel schälen und in Streifen schneiden. Möhre schälen, in Stifte schneiden. Bohnen waschen, putzen und schräg in ½ cm breite Streifen schneiden. Lauch putzen, waschen, in Ringe schneiden. Den Knoblauch schälen, hacken.

2 Eier und die Sojasauce verrühren. Den Schnittlauch waschen, trocken schütteln und in Röllchen schneiden.

3 2 EL Öl im Wok erhitzen, Bohnen darin 3 Min. braten. Zwiebel, Möhre, Lauch und Knoblauch 2 Min. mitbraten. Gemüse salzen, pfeffern und an den Wokrand schieben. Eiermasse im übrigen Öl in 1 Min. stocken lassen. Gemüse mit Chilisauce untermischen, mit Schnittlauch bestreut servieren.

schnell/gelingt leicht

Kartoffel-Gurken-Pfanne

Für 4 Personen | 30 Min. Zubereitungszeit
Pro Portion ca. 240 kcal

200 g Schalotten
500 g kleine Kartoffeln
2 EL Rapsöl
1 EL Butter
300 g Champignons
200 g Salz- oder Dillgurken (aus dem Glas)
150 ml Gemüsebrühe
Salz
Cayennepfeffer
1 Bund Dill
200 g saure Sahne

1 Schalotten und Kartoffeln schälen und in schmale Spalten schneiden. Öl und Butter in einem Bräter erhitzen. Schalotten und Kartoffeln darin bei mittlerer Hitze anbraten.

2 Champignons putzen, halbieren oder vierteln. Gurken in Scheiben schneiden. Pilze und Gurken kurz mitbraten. 100 ml Gurkenflüssigkeit und 100–150 ml Brühe angießen, aufkochen lassen und etwa 10 Min. garen. Mit Salz und Cayennepfeffer abschmecken.

3 Den Dill waschen, trocken schütteln und bis auf ein paar Spitzen fein hacken. Die saure Sahne mit gehacktem Dill und etwas Salz verrühren. Die Sauce über die Kartoffel-Gurken-Pfanne verteilen, mit Dillspitzen garniert servieren.

frisch/preiswert

Spinat-Bulgur (im Bild)

Für 4 Personen | 40 Min. Zubereitungszeit
Pro Portion ca. 345 kcal

1 kg Blattspinat
1 Bund Frühlingszwiebeln
1 Bund Dill
5 EL Olivenöl
¼ l Gemüsebrühe
200 g grober Bulgur
Salz
Pfeffer
4 kleine Kugeln Mozzarella (à 7,5 g)
1 EL Zitronensaft

1 Spinat verlesen, waschen, putzen und grob hacken. Frühlingszwiebeln putzen, waschen und in Ringe schneiden. Dill waschen, trocken schütteln und hacken. Das Öl in einer Pfanne erhitzen und Frühlingszwiebeln darin anbraten. Den Spinat zugeben und zusammenfallen lassen, bis der Saft fast verdampft ist.

2 Mit Brühe, Dill, Bulgur, Salz und Pfeffer zugedeckt 15 Min. kochen lassen. Mozzarella halbieren, auf dem Bulgur zugedeckt in 5 Min. schmelzen lassen. Ausdampfen lassen und mit Zitronensaft beträufeln.

Gemüse pur

Lust auf… buntes Gemüse? Dann kommt hier die volle Ladung an vitaminreichen Fitmachern – von Paprika, Pilzen und Tomaten bis Sellerie, Zucchini, Brokkoli und Co. Wer kann da schon widerstehen?

preiswert/herzhaft

Pilzknödel mit Paprikaragout

Für 4 Personen | 1 Std. Zubereitungszeit | Pro Portion ca. 345 kcal

600 g Kräuterseitlinge | 4 EL Olivenöl | 250 g altbackenes Weißbrot | 1 Bund Petersilie | 1 Zwiebel | 2 Eier (Größe L) | Salz | frisch gemahlener Pfeffer | 2 rote Paprikaschoten | 1 Aubergine | 200 ml Gemüsebrühe | 1 EL kleine Kapern

1 Die Pilze putzen und sehr klein würfeln. In der Hälfte des Öls bei starker Hitze etwa 5 Min. braten. Brot in Würfel schneiden und in etwas lauwarmem Wasser 10 Min. einweichen. Die Petersilie waschen und trocken schütteln, die Blättchen fein hacken. Zwiebel schälen und sehr fein würfeln. Die Hälfte der Pilze fein pürieren.

2 Brot gut ausdrücken, sehr fein zerdrücken und mit Pilzen, Petersilie, Zwiebel und den Eiern zu einem geschmeidigen Teig verkneten. Salzen, pfeffern und zu acht gleich großen Klößen formen.

3 Paprika und Aubergine waschen, putzen und in 1 cm große Würfel schneiden. Im übrigen Öl anbraten. Mit der Brühe ablöschen, mit Kapern, Salz und Pfeffer würzen und bei schwacher Hitze zugedeckt 10 Min. schmoren. Gleichzeitig die Klöße in leicht siedendem Salzwasser in 10 Min. gar ziehen lassen. Herausheben und mit dem Gemüse servieren.

scharf/für Gäste

Feurige Mascarpone-Crespelle

Für 4 Personen | 50 Min. Zubereitungszeit
Pro Portion ca. 690 kcal

150 g Mehl | 300 ml Milch
4 Eier (Größe M)
120 ml Mineralwasser mit Kohlensäure
Salz
1 Staude Mangold (600 g)
1 Aubergine | 2 scharfe rote Chilischoten
2 Knoblauchzehen | 4 EL Olivenöl
150 ml Weißwein (ersatzweise Gemüsebrühe)
250 g Mascarpone

1 Mehl mit Milch, Eiern, Mineralwasser und Salz zu einem Teig verrühren, etwa 30 Min. quellen lassen.

2 Mangold putzen, waschen und die weißen Stiele fein würfeln, die Blätter grob hacken. Aubergine waschen, putzen und in 1 cm große Würfel schneiden. Chili waschen, entstielen, in feine Ringe schneiden. Knoblauch schälen, durch die Presse drücken.

3 Mangoldstiele und Aubergine in 2 EL Öl 4–5 Min. bei starker Hitze anbraten. Mit Wein ablöschen, Mangoldblätter, Chili und Knoblauch untermischen. Im geschlossenen Topf 4–5 Min. bei mittlerer Hitze garen. Mascarpone dazugeben und schmelzen lassen, salzen.

4 In einer beschichteten großen Pfanne nach und nach übriges Öl erhitzen und aus dem Teig 8 hauchdünne Pfannkuchen backen, gebackene warm halten. Die Füllung darauf verteilen, Crespelle aufrollen und sofort servieren.

partytauglich/exotisch

Gefüllte Süßkartoffeln

Für 4 Personen | 50 Min. Zubereitungszeit
Pro Portion ca. 360 kcal

4 Süßkartoffeln (à 200 g)
1 Bio-Orange
100 ml Kokosmilch
1 TL frisch geriebene Muskatnuss
Salz
50 g Butter

1 Süßkartoffeln waschen und in reichlich Wasser in 35 Min. gar kochen. Inzwischen die Orange heiß abwaschen, gut trocknen und die Schale abreiben. Süßkartoffeln abgießen, längs halbieren, Fruchtfleisch mit einem Löffel auslösen, dabei einen etwa 1 cm breiten Rand stehen lassen. Backofengrill vorheizen.

2 Fruchtfleisch mit der Kokosmilch und der Orangenschale zu Püree stampfen, mit Muskatnuss und Salz abschmecken. In die ausgehöhlten Süßkartoffeln füllen. Butter in Flöckchen obenauf setzen. Unter dem Grill in etwa 3–5 Min. goldbraun überbacken.

TIPP
Sie können die Süßkartoffeln einfach pur mit einem feinen cremigen Curry-Dip servieren oder als Beilage reichen.

gelingt leicht / knackig

Ungarischer Krauttopf

Für 4 Personen | 40 Min. Zubereitungszeit
Pro Portion ca. 160 kcal

½ Weißkohl (etwa 500 g) | 2 Stangen Lauch | 1 Zwiebel | 2 EL Öl | 400 ml Gemüsebrühe | 2 EL Tomatenmark | ⅛ l Rotwein (ersatzweise 1 EL Aceto balsamico) | 1 TL Sojasauce | je ½ TL edelsüßes Paprikapulver, getrockneter Oregano, Basilikum, Thymian | Salz | schwarzer Pfeffer | eventuell 1–2 EL Weizenvollkornmehl | 100 g saure Sahne

1 Den Weißkohl vierteln, den Strunk und die äußeren Blätter entfernen und den Kohl in etwa 1 cm breite Streifen schneiden. Den Lauch putzen, längs aufschlitzen, gründlich waschen und ebenfalls in etwa 1 cm breite Streifen schneiden. Die Zwiebel schälen und grob würfeln.

2 Das Öl in einem großen Topf erhitzen. Die Zwiebel darin glasig braten. Das Gemüse, die Brühe und das Tomatenmark dazugeben. Zugedeckt bei mittlerer Hitze in 20–25 Min. bissfest kochen.

3 Den Krauttopf mit Wein, Sojasauce, Paprikapulver, Oregano, Basilikum, Thymian, Salz und Pfeffer kräftig würzen. Ist der Eintopf zu dünn, Vollkornmehl darüberstäuben und unter Rühren aufkochen lassen. Zuletzt die saure Sahne einrühren. Dazu passen Kartoffeln oder Reis.

für Gäste/gelingt leicht/vom Grill

Tomaten mit Ziegenkäse und Rucola

Für 4 Personen | 30 Min. Zubereitungszeit | 20 Min. Grillen
Pro Portion ca. 290 kcal

4 Fleischtomaten (à 250 g) | Salz | frisch gemahlener Pfeffer | 4 Scheiben Weißbrot (à etwa 20 g) | 2 Knoblauchzehen | 4 EL Olivenöl | 150 g fester Ziegenfrischkäse | ½ Bund Rucola | Öl für die Alufolie

1 Die Tomaten waschen und trocken reiben. Den oberen Teil abschneiden und als Deckel beiseitelegen. Die Tomaten aushöhlen. Das Innere salzen und pfeffern. Die Tomaten umgedreht abtropfen lassen.

2 Das Brot entrinden und in Würfel schneiden. Knoblauch schälen und fein hacken. Das Öl in einer Pfanne erhitzen, die Brotwürfel knusprig braten. Knoblauch dazugeben und kurz mitbraten.

3 Den Ziegenkäse in kleine Würfel schneiden. Rucola waschen, putzen, trocken schleudern und fein zerkleinern. Käse und Rucola unter das Brot mischen. Salzen und pfeffern. 4 Stücke Alufolie einfetten. Mischung in die Tomaten füllen und den Deckel aufsetzen. Mit Alufolie einwickeln und 20 Min. grillen, zwischendurch wenden.

würzig/gelingt leicht

Mittelmeergemüse

(im Bild hinten)

Für 2 Personen | 30 Min. Zubereitungszeit
Pro Portion ca. 480 kcal

1 kleine Aubergine
1 Zucchino
1 Stange Sellerie
1 kleine rote Paprikaschote
1 Tomate
2 Knoblauchzehen
je 1 Zweig Rosmarin und Thymian
4 getrocknete in Öl eingelegte Tomaten
100 g Roquefort
2 EL Olivenöl
Salz
frisch gemahlener Pfeffer

1 Gemüse waschen, putzen, Aubergine und Zucchino würfeln. Sellerie in Scheiben, Paprika in Streifen schneiden. Frische Tomate kurz überbrühen, häuten, würfeln. Knoblauch schälen, fein hacken. Kräuter waschen, trocken schütteln, Nadeln und Blättchen abzupfen. Getrocknete Tomaten in Streifen schneiden, Käse knapp 1 cm groß würfeln.

2 Das Öl im Wok erhitzen. Aubergine, Zucchino, Sellerie und Paprika darin bei starker Hitze 4 Min. braten. Den Knoblauch mit den Kräutern dazugeben, weitere 2 Min. braten.

3 Getrocknete und frische Tomaten untermischen, mit Salz und Pfeffer würzen. Zugedeckt 2 Min. schmoren. Roquefort auf das Gemüse legen, zugedeckt in 1 Min. leicht schmelzen lassen. Dazu passen Kartoffeln oder Weißbrot.

gelingt leicht/für Gäste

Rosmarinkartoffeln mit Feta

(im Bild vorne)

Für 2 Personen | 25 Min. Zubereitungszeit
Pro Portion ca. 425 kcal

600 g vorwiegend festkochende Kartoffeln
2 Zweige Rosmarin
1 rote Zwiebel
2 Knoblauchzehen
150 g Cocktailtomaten
100 g Schafkäse (Feta)
2 EL Olivenöl
2 EL Oliven
Salz
frisch gemahlener Pfeffer

1 Die Kartoffeln schälen und 1 cm groß würfeln, mit Küchenpapier trocken tupfen. Rosmarin waschen, trocken schütteln und die Nadeln abzupfen. Zwiebel und Knoblauch schälen, die Zwiebel halbieren und in Streifen schneiden, den Knoblauch in hauchfeine Scheiben teilen. Tomaten waschen und ganz lassen, Feta würfeln.

2 Das Öl im Wok erhitzen. Kartoffeln darin bei starker bis mittlerer Hitze etwa 7 Min. braten, bis sie bissfest und schön gebräunt sind. Dann an den Wokrand schieben.

3 Zwiebel und Knoblauch mit dem Rosmarin 2 Min. braten. Die Kartoffeln mit Tomaten und Oliven untermischen, leicht salzen und gut pfeffern. Die Käsewürfel daraufgeben und zugedeckt in ½ Min. heiß werden lassen. Sofort servieren.

aus der Türkei

Okraschoten mit Tomaten

Für 4 Personen | 40 Min. Zubereitungszeit
Pro Portion ca. 140 kcal

700 g gleich große Okraschoten | 1 große Zwiebel | 2–3 Knoblauchzehen | 400 g Tomaten | 3 EL Olivenöl | Salz | frisch gemahlener weißer Pfeffer | ½ TL rosenscharfes Paprikapulver | 1 Bund Petersilie | 1 EL Zitronensaft

1 Die Okraschoten waschen, Stielansätze entfernen. Zwiebel und Knoblauch schälen und fein hacken. Die Tomaten überbrühen und häuten, das Fruchtfleisch in kleine Würfel schneiden.

2 Öl in einem Topf erhitzen. Zwiebel und Knoblauch darin glasig dünsten. Okraschoten hinzufügen und kurz mitbraten. Die Tomaten und etwa 80 ml Wasser dazugeben. Das Gemüse mit Salz, Pfeffer und Paprikapulver würzen und zugedeckt bei schwacher Hitze etwa 10 Min. schmoren.

3 Inzwischen die Petersilie waschen, trocken schütteln, fein hacken und mit dem Zitronensaft unter das Gemüse mischen. Das Gemüse eventuell nochmals salzen und pfeffern und mit Reis, Hirse oder geschmortem Bulgur servieren.

exotisch/für Gäste

Sellerie-Mango-Ragout

Für 4 Personen | 30 Min. Zubereitungszeit
Pro Portion ca. 275 kcal

250 g Knollensellerie
1 Mango
1 rote Zwiebel
600 g Süßkartoffeln
1 grüne Paprikaschote
1 TL Sesamöl
200 ml Gemüsebrühe
100 g Sahne
Salz
Pfeffer
abgeriebene Schale von ¼ Bio-Limette
Saft von 1 Limette

1 Sellerie waschen, schälen und in 1½ cm große Würfel schneiden. Die Mango schälen, das Fruchtfleisch vom Stein lösen und 3 cm groß würfeln.

2 Die Zwiebel schälen und in Streifen schneiden. Die Süßkartoffeln waschen, schälen und in 2 cm große Würfel schneiden. Die Paprika waschen, putzen und klein würfeln.

3 Zwiebeln im Öl glasig braten. Sellerie und Kartoffeln 2 Min. mitbraten. Mango und Paprika unterrühren, ebenfalls 2 Min. mitbraten. Brühe und Sahne zugeben und alles 2 Min. köcheln lassen. Mit Salz, Pfeffer, Limettenschale und -saft abschmecken.

SERVIER-TIPP
Servieren Sie als Beilage dazu Reis und bestreuen Sie das Ragout vor dem Servieren mit Sesamsamen, die zuvor in einer Pfanne ohne Fett kurz unter Wenden angeröstet wurden.

aus Algerien

Schakschuka

(im Bild)

Für 4 Personen | 25 Min. Zubereitungszeit
Pro Portion ca. 225 kcal

600 g Tomaten
3 große Zwiebeln
3 EL Olivenöl
½ TL Harissa (scharfe Paprikapaste)
je 1 Msp. gemahlener Safran, Kreuzkümmel und Zimtpulver
300 g TK-Erbsen
Salz
4 Eier
1 Msp. Paprikapulver

1 Tomaten kreuzweise einritzen, mit kochendem Wasser überbrühen, häuten und fein würfeln. Zwiebeln schälen und grob würfeln.

2 Öl in einer tiefen Pfanne erhitzen, Zwiebeln darin glasig andünsten, Tomaten zugeben und 5 Min. dünsten. Harissa, Safran, Kreuzkümmel, Zimt, Erbsen und 150 ml Wasser dazugeben, salzen und 20 Min. bei schwacher bis mittlerer Hitze köcheln lassen.

3 In das Gemüse 4 Mulden drücken, Eier hineingeben, salzen, mit Paprika bestäuben und zugedeckt bei mittlerer Hitze in etwa 8 Min. stocken lassen.

für Gäste

Schwarzwurzeln mit Souffléhaube

Für 4 Personen | 35 Min. Zubereitungszeit | 25 Min. Backen
Pro Portion ca. 390 kcal

1 kg Schwarzwurzeln | Essig | Salz | 30 g Butter | 30 g Weizenvollkornmehl | 100 g Sahne | 100 g Emmentaler Käse | 3 Eier (Größe M) | weißer Pfeffer | 1 Prise frisch geriebene Muskatnuss | Fett für die Form

1 Die Schwarzwurzeln waschen, schälen (am besten mit Einmalhandschuhen) und in Essigwasser legen, damit sie nicht braun werden. Die Stangen in 3–4 cm große Stücke schneiden und in Salzwasser in 10–15 Min. bissfest garen.

2 Die Butter in einem Topf schmelzen. Das Mehl darin anschwitzen. Die Sahne und 200 ml Kochwasser einrühren. Die Sauce unter Rühren aufkochen, dann abkühlen lassen.

3 Den Käse reiben. Die Eier trennen. Die Eigelbe und den Käse nacheinander in die Mehlschwitze rühren und mit Salz, Pfeffer und Muskat würzen. Die Eiweiße steif schlagen. Eine Auflaufform einfetten. Den Backofen auf 200° vorheizen. Den Eischnee vorsichtig unter die Mehlschwitze heben.

4 Die Schwarzwurzeln in die Form geben, die Soufflémasse darübergießen. Das Soufflé im Ofen (Mitte, Umluft 180°) in 20–25 Min. goldbraun backen.

Spezialität aus Italien

Gefüllte Zucchiniblüten

Für 4 Personen | 50 Min. Zubereitungszeit | Pro Portion ca. 195 kcal

1 kleine mehligkochende Kartoffel (etwa 120 g) | 1 kleiner Zucchino | Salz | 12 Zucchiniblüten (eventuell mit kleinen Früchten) | 1 Bund Basilikum | 4 Stängel Minze | 1 kleine Tomate | 2 Knoblauchzehen | 1 Kugel Mozzarella (125 g) | Pfeffer | 4 EL Olivenöl

1 Die Kartoffel weich kochen. Den Zucchino waschen, putzen und würfeln. In wenig Salzwasser zugedeckt in 5 Min. weich garen. Zucchino abtropfen lassen und fein pürieren. Kartoffel ausdampfen lassen, schälen und mit dem Kartoffelstampfer fein zerdrücken. Die Zucchiniblüten putzen, vom Blütenstempel befreien. Falls Früchte an den Blüten sind, diese der Länge nach zweimal ein-, aber nicht ganz durchschneiden.

2 Den Backofen auf 240° (Umluft 220°) vorheizen. Die Kräuter waschen, trocken schütteln, fein hacken. Die Tomate waschen und sehr klein würfeln. Knoblauch schälen und durchpressen. Den Mozzarella würfeln.

3 Kartoffel, Zucchinipüree, Kräuter, Tomate, Knoblauch und Käse mischen, salzen und pfeffern. Die Masse in die Zucchiniblüten verteilen, die Blüten zusammendrehen und nebeneinander in eine feuerfeste Form legen. Mit Öl beträufeln, im Ofen (Mitte) etwa 10 Min. backen.

schnell/ganz einfach

Schmorgurken mit Eiern

Für 4 Personen | 20 Min. Zubereitungszeit
Pro Portion ca. 310 kcal

750 g Feld- oder Schlangengurken | 1 Zwiebel | 40 g Butter | 1 EL Mehl | 100 ml Gemüsebrühe | 4 Eier (Größe M) | 1 Bund Pimpinelle (ersatzweise Dill oder Borretsch) | 125 g Crème fraîche | Salz | weißer Pfeffer

1 Die Gurken schälen. Feldgurken halbieren und die Kerne herausschaben. Die Gurken würfeln. Die Zwiebel schälen und würfeln, mit der Butter in eine Pfanne geben und glasig braten. Die Gurken dazugeben und etwa 5 Min. anbräunen. Das Mehl darüberstäuben. Die Brühe einrühren. Die Gurken etwa 10 Min. garen.

2 Währenddessen die Eier in etwa 10 Min. hart kochen. Die Pimpinelle waschen, trocken schütteln und hacken. Die Crème fraîche unter die Gurken rühren. Das Gemüse mit der Pimpinelle sowie Salz und Pfeffer würzen.

3 Die Eier abschrecken, pellen und längs vierteln. Die Schmorgurken in einer flachen Schüssel mit den Eiern servieren. Dazu passen Pell- oder Salzkartoffeln.

gelingt leicht

Patissons mit Tomaten

Für 4 Personen | 50 Min. Zubereitungszeit | Pro Portion ca. 175 kcal

1 kg junge Patissons | 600 g Tomaten | 2 rote Zwiebeln | 2 Knoblauchzehen | 50 g entsteinte schwarze Oliven | 1 großes Bund Rucola | 1 Orange | 3 EL Olivenöl | 1/8 l trockener Rotwein (ersatzweise Gemüsebrühe) | Salz | frisch gemahlener Pfeffer

1 Die Patissons waschen und in knapp 1 cm dicke Scheiben schneiden. Große Scheiben halbieren.

2 Tomaten überbrühen, häuten und das Fruchtfleisch würfeln, dabei die Stielansätze entfernen. Die Zwiebeln schälen und in feine Streifen schneiden. Knoblauch schälen und in Scheibchen schneiden. Die Oliven in Streifen schneiden. Den Rucola verlesen, waschen, trocken schleudern, hacken. Die Orange auspressen.

3 Zwiebeln mit Knoblauch in 1 EL Öl glasig dünsten. Tomaten, Rucola und Oliven dazugeben. Mit Wein und Orangensaft ablöschen, salzen und pfeffern. Die Sauce offen bei mittlerer Hitze 20 Min. köcheln lassen.

4 Patissonsscheiben mit Salz und Pfeffer würzen, im übrigen Öl bei mittlerer Hitze pro Seite 4–5 Min. braten. Mit dem Tomatenragout servieren. Dazu passen Ofenkartoffeln.

schnell/preiswert

Wok-Pilze mit Sellerie

Für 4 Personen | 20 Min. Zubereitungszeit
Pro Portion ca. 160 kcal

4 Stangen Sellerie
4 Knoblauchzehen
1 Stück frischer Ingwer (etwa 6 cm)
600 g Shiitake, Egerlinge oder Austernpilze
200 g Cocktailtomaten
1 Bund Basilikum
3 EL Öl
1 EL Currypulver
200 ml Gemüsebrühe
Salz | 2 Frühlingszwiebeln

1 Den Sellerie waschen und putzen, die Stangen in dünne Scheiben schneiden. Knoblauch und Ingwer schälen und fein würfeln.

2 Die Pilze putzen, von Shiitake und Austernpilzen die Stiele abschneiden. Shiitake und Austernpilze in Streifen schneiden, Egerlinge vierteln. Tomaten waschen und halbieren. Basilikumblättchen von den Stängeln abzupfen.

3 Den Wok oder eine große Pfanne heiß werden lassen, das Öl hineingeben. Sellerie, Pilze, Ingwer und Knoblauch darin unter Rühren 3–4 Min. braten. Currypulver darüberstäuben und anbraten. Mit der Gemüsebrühe ablöschen, die Tomaten untermischen, salzen und kräftig aufkochen.

4 Die Frühlingszwiebeln waschen, putzen und in feine Ringe schneiden. Das Pilzgemüse damit bestreut servieren. Dazu passt Duft- oder Basmati-Reis.

zart und saftig

Kohlrabi mit Kresseremoulade

Für 4 Personen | 35 Min. Zubereitungszeit
Pro Portion ca. 475 kcal

750 g Kohlrabi
600 g kleine neue Kartoffeln
40 g Butter
1/4 l Gemüsefond (aus dem Glas)
Salz
Pfeffer
200 g Joghurt-Salatmayonnaise
1 TL Sardellenpaste
2 Cornichons
1 Beet Kresse

1 Kohlrabi putzen, schälen und in Spalten schneiden. Kartoffeln waschen und ungeschält vierteln. Butter zerlassen, Gemüse darin kurz andünsten. Fond angießen, salzen und pfeffern. Dann zugedeckt 15 Min. köcheln lassen.

2 Mayonnaise, Sardellenpaste, Salz und Pfeffer miteinander verrühren. Cornichons würfeln, Kresse vom Beet schneiden, zwei Drittel unterheben. Die Remoulade mit übriger Kresse garnieren.

orientalisch

Blumenkohl-pfanne

Für 4 Personen
45 Min. Zubereitungszeit
Pro Portion ca. 270 kcal

1 Blumenkohl
800 g Tomaten
1 Dose Kichererbsen (240 g Abtropfgewicht)
1 Zwiebel
2 TL Senfkörner
2 TL Korianderkörner
4 EL Erdnussöl
200 ml Gemüsebrühe
Salz
Pfeffer
1 Bund Koriandergrün
200 g Joghurt

1 Blumenkohl putzen, waschen und in Röschen teilen. Tomaten überbrühen, abschrecken und häuten. 2 Tomaten beiseitelegen, übrige halbieren und würfeln. Kichererbsen im Sieb kalt abbrausen, abtropfen lassen. Zwiebel schälen und würfeln.

2 Senf- und Korianderkörner grob zerstoßen und ohne Fett in einer Pfanne rösten. 2 EL Öl dazugeben, Zwiebel darin glasig dünsten. Blumenkohl mit restlichem Öl dazugeben, 5 Min. braten. Mit Tomatenwürfeln und Brühe zugedeckt 15 Min. dünsten.

3 Übrige Tomaten achteln, mit Kichererbsen zum Gemüse geben, 3–4 Min. dünsten, salzen und pfeffern. Koriandergrün waschen, trocken schütteln und hacken, die Hälfte unter den Joghurt rühren und zum Blumenkohlgemüse servieren. Restliches Koriandergrün darüberstreuen.

würzig/gelingt leicht

Bohnen und Erbsen mit Käse (im Bild links)

Für 2 Personen | 35 Min. Zubereitungszeit
Pro Portion ca. 445 kcal

250 g breite grüne Bohnen
4 Stängel Bohnenkraut
1 EL Öl
200 ml Gemüsebrühe
Salz
frisch gemahlener Pfeffer
150 g enthülste Erbsen (frisch oder tiefgekühlt)
1 Stück Bio-Zitronenschale
100 g Gorgonzola
2 EL frisch geriebener Parmesan
100 g Sahne
1/4 Bund Petersilie

1 Bohnen waschen, putzen und schräg in feine Streifen schneiden. Bohnenkraut waschen, trocken schütteln, von den Stängeln zupfen.

2 Öl im Wok erhitzen, die Bohnen darin mit Bohnenkraut 2–3 Min. gut anbraten. Mit der Brühe ablöschen, leicht salzen und pfeffern und zugedeckt bei schwacher Hitze 5 Min. garen. Erbsen untermischen und alles nochmals 2–3 Min. garen.

3 Zitronenschale hacken, Gorgonzola würfeln. Beides mit dem Parmesan und der Sahne unter das Gemüse mischen und unter Rühren schmelzen lassen. Petersilie waschen, trocken schütteln, Blättchen abzupfen und nach Belieben hacken. Das Gemüse abschmecken und mit der Petersilie bestreut servieren. Dazu passen Kartoffeln.

schnell/mild

Gurke mit Kichererbsen (im Bild rechts)

Für 2 Personen | 25 Min. Zubereitungszeit
Pro Portion 270 kcal

1 Salatgurke
1 Zwiebel
200 g Cocktailtomaten
1 Bund Dill
1 EL Öl
1 EL Butter
1 TL Zucker
Salz
frisch gemahlener Pfeffer
1 Dose Kichererbsen (240 g Abtropfgewicht)
1 EL Zitronensaft

1 Gurke schälen, längs halbieren und die Kerne mit einem Löffel herauskratzen, Gurke in Scheiben schneiden. Zwiebel schälen, vierteln in feine Streifen schneiden oder hacken. Tomaten waschen und halbieren. Dill waschen, trocken schütteln und hacken.

2 Öl mit Butter erhitzen, den Zucker darin schmelzen lassen. Gurke dazugeben, 2–3 Min. braten. Zwiebel mit Dill (bis auf einen kleinen Rest) untermischen und weitere 1–2 Min. braten. Salzen und pfeffern.

3 Kichererbsen in einem Sieb waschen, mit Tomaten zu den Gurken geben und erhitzen. Mit Zitronensaft, Salz und Pfeffer abschmecken und mit dem übrigen Dill bestreut servieren.

UND DAZU?
Dazu passen Kartoffeln oder Weißbrot.

fruchtig/scharf

Auberginen mit Limettensauce

Für 4 Personen | 25 Min. Zubereitungszeit
Pro Portion ca. 295 kcal

4 kleine Auberginen (etwa 800 g)
4 EL Olivenöl
Salz | Pfeffer
1 rote Paprikaschote
1 rote Chilischote
2 Fleischtomaten
2 Zwiebeln
2 Knoblauchzehen
4 Stängel Koriandergrün
4 EL Limettensaft
1 Prise Zucker
100 g gesalzene geröstete Erdnüsse

1 Den Backofengrill anschalten. Die Auberginen waschen, putzen und der Länge nach halbieren. Das Fruchtfleisch mit einem Messer rautenförmig einschneiden. Die Auberginen mit dem Öl bepinseln, salzen und pfeffern. Nicht zu nah an den Grillschlangen etwa 20 Min. grillen, dabei einmal wenden.

2 Paprika waschen, halbieren, putzen und in sehr kleine Würfel schneiden. Chilischote waschen, putzen und fein hacken. Die Tomaten häuten und klein würfeln. Zwiebeln und Knoblauch schälen und fein hacken. Koriander waschen, trocken schütteln, Blättchen abzupfen und fein hacken. Paprika, Tomaten, Chili, Zwiebeln, Knoblauch und Koriander mit Limettensaft mischen und mit Salz, Pfeffer und Zucker abschmecken. Erdnusskerne hacken.

3 Die Auberginen mit der Sauce und Erdnüssen bedecken. Ohne Schalen essen.

würzig

Spinat-Pfannkuchen

Für 4 Personen | 1 Std. Zubereitungszeit
Pro Portion ca. 760 kcal

300 g Mehl
125 g Sahne
2 Eier (Größe M)
Salz
4 EL Sonnenblumenkerne
750 g Blattspinat
100 g getrocknete in Öl eingelegte Tomaten
150 g junger Ziegenkäse
1 Zwiebel
2 Knoblauchzehen
5 EL Olivenöl | Pfeffer

1 Mehl, 3/8 l Wasser, Sahne, Eier und ½ TL Salz verrühren und den Teig 30 Min. quellen lassen. Sonnenblumenkerne in einer Pfanne ohne Fett rösten.

2 Spinat waschen, putzen und tropfnass in eine breite Pfanne geben, zugedeckt bei starker Hitze in 1–2 Min. zusammenfallen lassen. Spinat in einem Sieb abtropfen lassen und gut ausdrücken. Getrocknete Tomaten abtropfen lassen und in feine Streifen, Käse in Würfel schneiden. Die Zwiebel und den Knoblauch schälen und fein hacken.

3 In einer Pfanne 2 EL Öl erhitzen, Zwiebel und Knoblauch darin glasig dünsten. Spinat dazugeben, 2 Min. mitdünsten, salzen und pfeffern. Alles unter den Pfannkuchenteig rühren.

4 In einer Pfanne je 1–2 TL Öl erhitzen, nacheinander 8 Pfannkuchen backen. Tomaten, Käse und Sonnenblumenkerne darauf verteilen, zusammenklappen und servieren.

für Gäste / schnell

Rondini mit Käse-Tomaten-Sauce

Für 4 Personen
30 Min. Zubereitungszeit
Pro Portion ca. 295 kcal

8 kleinere Rondini
400 g Tomaten
1 Knoblauchzehe
150 g Gorgonzola
½ Bund Petersilie
Salz
1 EL Kürbiskerne
1 EL Olivenöl
100 g Sahne
frisch gemahlener Pfeffer

1 Die Rondini waschen und die Stielansätze abschneiden. Die Tomaten überbrühen, häuten, entkernen und klein würfeln, dabei die Stielansätze entfernen. Knoblauch schälen und hacken. Käse würfeln, Petersilie waschen, trocken schütteln, Blättchen abzupfen und fein hacken.

2 Die Rondini in Salzwasser zugedeckt 10 Min. kochen. Inzwischen Kürbiskerne im Öl anrösten, herausnehmen. Die Tomaten mit dem Knoblauch im verbliebenen Öl unter Rühren 2 Min. dünsten.

3 Gorgonzola mit der Sahne dazugeben und bei schwacher Hitze schmelzen lassen. Sauce salzen und pfeffern, Petersilie untermischen. Die Rondini abtropfen lassen, halbieren und mit Sauce und Kürbiskernen bestreut servieren. Dazu passen Pellkartoffeln.

einfach/würzig

Brokkoli mit Fontinasauce

(im Bild unten)

Für 4 Personen | 40 Min. Zubereitungszeit
Pro Portion ca. 180 kcal

Salz | 1 Brokkoli (etwa 700 g)
100 g Fontinakäse
¼ l Gemüsebrühe
¼ l Milch
1 Knoblauchzehe
20 g Butter
20 g Mehl
Cayennepfeffer
frisch geriebene Muskatnuss

1 Reichlich Salzwasser aufkochen lassen. Brokkoli putzen, waschen und in kleine Röschen teilen. Den dicken Stiel schälen, würfeln, 2 Min. kochen lassen. Die Röschen dazugeben, in 4–6 Min. bissfest kochen, dann abgießen und kalt abschrecken. Warm stellen.

2 Für die Sauce den Käse ohne Rinde klein würfeln. Brühe und Milch erhitzen. Knoblauch schälen und anquetschen. Die Butter schmelzen lassen, Mehl einrühren, aber nicht bräunen. Nach und nach die heiße Milchmischung unterrühren und unter ständigem Rühren zum Kochen bringen.

3 Den Knoblauch dazugeben, die Sauce offen in 3–4 Min. unter Rühren leicht sämig einkochen lassen. Falls nötig, etwas Wasser unterrühren. Den Knoblauch herausfischen. Nach und nach den Käse einrühren, bis eine dicke Sauce entsteht. Mit wenig Cayennepfeffer, Salz und Muskat würzen und sofort zum Brokkoli servieren.

auch mal als Vorspeise

Artischocken mit Sellerie-Salsa

(im Bild oben)

Für 4 Personen | 50 Min. Zubereitungszeit
Pro Portion ca. 160 kcal

5 EL Limettensaft
Salz
4 dicke frische Artischocken
4 Stangen Staudensellerie
1 grüne Chilischote
Pfeffer
gemahlener Kreuzkümmel
6 EL hochwertiges Olivenöl

1 Reichlich Wasser mit 2 EL Limettensaft und 1 TL Salz aufkochen lassen. Die Artischocken auf eine Tischkante legen, den Stiel mit einem Ruck abbrechen (so bleiben keine harten Fasern im Artischockenherz). Äußere Blätter entfernen. Die Artischocken im kochenden Wasser etwa 30 Min. garen, abgießen und abkühlen lassen.

2 Für die Sauce den Sellerie waschen, schälen und superfein würfeln. Zartes Grün hacken. Die Chilischote putzen, entkernen, waschen und fein hacken. Restlichen Limettensaft mit Salz, Pfeffer und 1 Prise Kreuzkümmel verquirlen. Öl unterschlagen, Selleriewürfel, Blättchen und Chili unterrühren. Mit Salz und Pfeffer abschmecken.

3 Die Sauce zu den Artischocken servieren. Bei Tisch die Artischockenblättchen abzupfen, in die Salsa dippen und genießen. Zum Schluss Artischockenboden vom Heu befreien und den Boden mit der restlichen Salsa essen.

aus Frankreich / sommerlich

Ratatouille

Für 4 Personen | 1 Std. Zubereitungszeit
Pro Portion ca. 100 kcal

1 weiße Zwiebel | 2 Auberginen | 2 Zucchini | 500 g Eiertomaten | je 1 rote und gelbe Paprikaschote | 2 Knoblauchzehen | 5 EL Olivenöl | Salz | frisch gemahlener weißer Pfeffer | einige Zweige Thymian | ½ Bund Petersilie | 1 Lorbeerblatt

1 Zwiebel schälen und in feine Ringe schneiden. Die Auberginen schälen und putzen, in etwa 2 cm große Würfel schneiden. Zucchini waschen und würfeln. Die Tomaten überbrühen, häuten und in Scheiben schneiden. Die Paprikaschoten waschen, entkernen und in Stücke schneiden. Den Knoblauch schälen und in feine Scheiben schneiden.

2 In einem großen Topf 3 EL Öl erhitzen. Die Auberginen darin rundherum kräftig anbraten. Restliches Öl angießen und Zwiebel, Zucchini und Paprikaschoten dazugeben. Das Gemüse unter Rühren einige Minuten andünsten. Dann die Tomaten und etwa 100 ml Wasser hinzufügen. Alles salzen und pfeffern. Die Kräuter waschen und einlegen.

3 Alles bei schwacher Hitze etwa 30 Min. schmoren. Die Kräuter entfernen, die Ratatouille noch einmal abschmecken und heiß, lauwarm oder kalt servieren.

fruchtig/macht was her

Pilze in Orangensahne

Für 4 Personen | 30 Min. Zubereitungszeit
Pro Portion ca. 255 kcal

600 g gemischte Pilze (z. B. Egerlinge, Shiitake und Austernpilze)
300 g kleine Schalotten
Salz
½ Bund Thymian
1 rote Chilischote
4 EL Olivenöl
4 Saftorangen (am besten Blutorangen)
125 g Sahne
3 TL kleine Kapern
1 Prise Zucker

1 Die Pilze putzen und in dünne Scheiben oder Streifen schneiden. Die Schalotten schälen, in Salzwasser 5 Min. vorkochen, abschrecken und abtropfen lassen.

2 Den Thymian waschen und trocken schütteln, die Blättchen von den Zweigen streifen. Die Chilischote waschen, vom Stielansatz befreien, entkernen und in feine Ringe schneiden.

3 Öl erhitzen, Schalotten darin mit Chili und Thymian bei mittlerer Hitze 2–3 Min. braten. Pilze dazugeben und etwa 4 Min. mitbraten.

4 Die Orangen auspressen. Saft mit Sahne zu den Pilzen geben. Mit Kapern und Zucker würzen und cremig einkochen lassen, salzen. Dazu schmecken am besten Rosmarinkartoffeln.

gelingt leicht

Spargel mit Eier-Vinaigrette (im Bild)

Für 4 Personen | 50 Min. Zubereitungszeit
Pro Portion ca. 325 kcal

4 Eier
1 ½ kg Spargel (weiß, weiß-violett, grün oder gemischt)
Spargelbrühe (ersatzweise Salzwasser mit 1 TL Zucker und 2 TL Butter)
1 Bund Schnittlauch
6 kleine Radieschen
4 EL Weißweinessig
8 EL Traubenkern- oder Olivenöl
1 TL Dijonsenf
Salz
weißer Pfeffer

1 Die Eier in 8–10 Min. hart kochen, abschrecken und kalt werden lassen. Den Spargel waschen, schälen, die Enden abschneiden. In Spargelbrühe in 12–15 Min. bissfest garen.

2 Den Schnittlauch waschen, trocken schütteln und in feine Röllchen schneiden. Die Radieschen waschen, putzen, in feine Stifte schneiden.

3 Für die Vinaigrette den Essig mit Öl, Senf und 80 ml Spargelkochsud mit dem Schneebesen aufschlagen. Die Eier pellen und grob hacken. Eier, Schnittlauch und Radieschen unter die Vinaigrette rühren. Mit Salz und Pfeffer würzen.

4 Den Spargel abtropfen lassen, auf Tellern anrichten. Die Eier-Vinaigrette darüber verteilen. Am besten Kartoffeln dazu servieren.

für Gäste/pikant

Gefüllte Rote Beten

Für 4 Personen
40 Min. Zubereitungszeit
20 Min. Backen
Pro Portion ca. 350 kcal

12 vorgegarte Rote Beten (vakuumverpackt)
2 Schalotten
1 Knoblauchzehe
4 Scheiben Vollkorntoast
150 g Höhlenkäse
50 g getrocknete in Öl eingelegte Tomaten
1 Bund Thymian
50 g weiche Butter
Salz
weißer Pfeffer
Fett für die Form

1 Rote Beten abtropfen lassen, quer halbieren und das Innere mit einem Teelöffel herauslösen, dabei einen etwa 1 cm breiten Rand lassen. Rote Beten jeweils an der Unterseite etwas flacher schneiden. Inneres fein hacken.

2 Schalotten und Knoblauch schälen und fein würfeln. Toast entrinden und fein zerbröseln. Käse fein raspeln. Tomaten würfeln. Thymian waschen, trocken schütteln, Blättchen abzupfen und hacken. Schalotten, Knoblauch, Toastbrösel, 50 g Käse, Tomaten und Thymian mit der Butter verkneten. Mit dem gehackten Inneren der Roten Beten mischen, mit Salz und Pfeffer würzen.

3 Ofen auf 200° vorheizen. Eine Gratinform fetten. Rote Beten hineinsetzen. Schalottenmischung in die Betenhälften füllen. Mit dem übrigen Käse bestreuen. Im Backofen (unten, Umluft 180°) etwa 20 Min. garen.

exotisch / würzig

Marokkanische Kartoffeln (im Bild)

Für 4 Personen | 35 Min. Zubereitungszeit | 1 Std. Backen
Pro Portion ca. 365 kcal

2 Auberginen (etwa 400 g) | Salz | 200 g Zwiebeln | 2 Knoblauchzehen | 1 kg kleine Kartoffeln | 50 g Butterschmalz | 1 TL Harissa (scharfe Paprikapaste) | 2 EL Honig | 300 ml Gemüsebrühe (Instant) | 50 g Rosinen | 1 Bund glatte Petersilie | 1 Bund Minze | gemahlener Kreuzkümmel

1 Die Auberginen waschen, putzen und in mundgerechte Stücke schneiden. Mit etwas Salz bestreuen und dabei Saft ziehen lassen. Zwiebeln und Knoblauch schälen. Zwiebeln in Streifen, Knoblauch in Würfel schneiden. Die Kartoffeln gründlich waschen und in breite Spalten schneiden. Auberginenstücke trocken tupfen.

2 Backofen auf 200° vorheizen. Butterschmalz in einem Bräter erhitzen. Zwiebeln, Knoblauch und Kartoffeln darin wenden. Harissa und Honig unterrühren. Brühe, Auberginen und Rosinen untermischen und salzen.

3 Im Ofen (Mitte, Umluft 180°) etwa 1 Std. zugedeckt garen. Kräuter waschen, trocken schütteln und hacken. In das fertige Gemüse rühren. Mit Salz und Kreuzkümmel abschmecken.

Pikant Gebackenes

Eine bunte Auswahl quer durchs Gemüsebeet einmal ganz anders zubereitet als sonst. Mit diesen raffinierten Gemüsekuchen und Aufläufen zum Schlemmen und Genießen punkten Sie zu jeder Gelegenheit.

delikat/für Gäste

Kartoffelstrudel

Für 4 Personen | 50 Min. Zubereitungszeit | 45 Min. Backen
Pro Portion ca. 545 kcal

300 g TK-Blätterteig | 400 g mehligkochende Kartoffeln | Salz | 400 g Wirsing | 2 Zwiebeln | 1 Knoblauchzehe | 1 EL Öl | 250 g Quark | 3 Eier (Größe M) | 1 TL getrockneter Majoran | 1 TL gemahlener Kümmel | ½ TL frisch geriebene Muskatnuss | Pfeffer | Mehl für das Tuch

1 TK-Blätterteig auftauen lassen. Inzwischen Kartoffeln schälen und in etwa 20 Min. in Salzwasser gar kochen. Abgießen und mit dem Kartoffelstampfer zerdrücken. Wirsing putzen, waschen und in Streifen schneiden. Zwiebeln und Knoblauch schälen, klein würfeln und im Öl anbraten. Wirsing zugeben und etwa 3 Min. bei geringer Hitze dünsten. Mit Quark, 2 Eiern und Gewürzen zu den Kartoffeln geben, kräftig salzen und pfeffern. Den Backofen auf 180° (Umluft 160°) vorheizen.

2 Die Teigplatten auf einem bemehlten Küchentuch zu einem Rechteck zusammenfügen und vorsichtig auf etwa 35 x 35 cm ausrollen. Die Füllung darauf verteilen, dabei einen Rand von 5 cm lassen. Teig links und rechts etwas einschlagen, dann mit Hilfe des Tuchs den Teig von der vorderen Seite her aufrollen. Den Strudel mit der Nahtseite auf ein Blech mit Backpapier legen. Mit verquirltem Ei gleichmäßig bestreichen. Im Ofen (Mitte) in etwa 45 Min. goldbraun backen.

herzhaft/für Gäste

Schweizer Brotgratin

Für 4 Personen | 30 Min. Zubereitungszeit | 25 Min. Backen
Pro Portion ca. 590 kcal

1 Knoblauchzehe
12 Scheiben altbackenes Weißbrot
4 EL trockener Weißwein
300 g Greyerzer Käse oder Raclette-Käse in Scheiben
3 Eier (Größe M)
400 ml Milch
frisch geriebene Muskatnuss
Salz
Pfeffer
Butter für die Form

1 Den Knoblauch schälen, halbieren und eine Gratinform damit ausreiben. Form ausbuttern. Die Brotscheiben toasten und mit dem Wein beträufeln. Den Backofen auf 175° vorheizen.

2 Brotscheiben im Wechsel mit den Käsescheiben dachziegelartig in die Gratinform einschichten.

3 Die Eier mit der Milch verquirlen, mit Muskat, Salz und Pfeffer würzen und über die Brotscheiben gießen. Im Backofen (Mitte, Umluft 160°) 25 Min. backen. Zum Brotgratin einen grünen Salat servieren.

TIPP
Essen Kinder mit, die Brotscheiben nicht mit Wein beträufeln, sondern mit insgesamt 2 EL Tomaten- oder Schnittlauchbutter bestreichen.

schnell/preiswert

Radicchio-kuchen

Für 1 Pizzablech (8 Stücke)
25 Min. Zubereitungszeit | 40 Min. Backen
Bei 8 Stück pro Stück ca. 285 kcal

300 g TK-Erbsen
1 Radicchio (etwa 200 g)
50 g frisch geriebener Parmesan
Salz
Pfeffer
1 Packung Pizzateig (Fertigprodukt; 230 g)
3 Eier (Größe M)
300 g Sahne
2 EL Speisestärke

1 Ofen auf 200° vorheizen. Erbsen auftauen lassen. Radicchio putzen, waschen und in feine Streifen schneiden. Erbsen und Käse mischen und salzen und pfeffern. Den Teig ausrollen, in die mit Backpapier belegte Form geben und einen Rand formen.

2 Erbsen darauf verteilen. Eier, Sahne und Stärke verquirlen. Mit Salz und Pfeffer würzen und darübergießen. Im Ofen (unten, Umluft 180°) etwa 40 Min. backen. Mit Radicchio bestreuen und servieren.

aus Griechenland / für Gäste

Gemüse-Käse-Pastete

Für 1 Springform (28 cm ∅) | 50 Min. Zubereitungszeit | 55 Min. Backen
Bei 4 Personen pro Portion ca. 600 kcal

300 g TK-Blätterteig | 750 g feiner Blattspinat | Salz | 1 Chicorée (etwa 200 g) | 1 Bund Frühlingszwiebeln | 1 große Zwiebel | 2 EL Olivenöl | frisch gemahlener weißer Pfeffer | frisch geriebene Muskatnuss | 1 EL Fenchelsamen | 1 großes Bund Dill | 3 Eier (Größe M) | 250 g Schafkäse (Feta) | 1 Eigelb | 2 EL Milch

1 Die Blätterteigplatten nebeneinanderlegen und auftauen lassen. Den Spinat gründlich in stehendem kaltem Wasser waschen, dann in kochendem Salzwasser etwa 4 Min. blanchieren. Die Blätter abgießen, in einem Sieb kalt abschrecken, gut abtropfen lassen. Mit den Händen gut ausdrücken und fein hacken.

2 Den Chicorée waschen, in feine Streifen schneiden. Die Frühlingszwiebeln putzen, waschen und mit dem hellen Grün in feine Ringe schneiden. Die Zwiebel schälen, fein hacken.

3 Öl in einer Pfanne erhitzen. Zwiebel, Frühlingszwiebeln und Chicorée darin unter Rühren einige Min. dünsten, bis sie glasig sind. Den Spinat dazugeben, alles so lange weitergaren, bis das Gemüse nicht mehr feucht ist. Mit Salz, Pfeffer und Muskat abschmecken. Die Fenchelsamen mit einer breiten Messerklinge auf einem Holzbrett zerdrücken und unter das Gemüse mischen.

4 Den Dill waschen, trocken schütteln und fein hacken. Die Eier verquirlen. Den Käse fein zerbröckeln. Alles unter die Gemüsemasse mischen. Den Backofen auf 180° vorheizen. Die Springform kalt ausspülen.

5 3 Blätterteigplatten aufeinanderlegen und auf wenig Mehl zu einer runden Platte ausrollen, die etwas größer sein soll als die Form. Die Teigplatte in die Form legen, den Rand nach außen hängen lassen. Die Füllung auf dem Teig verteilen. Die Ränder nach innen klappen. Die restlichen Teigplatten ebenfalls rund ausrollen. Den Teig auf die Füllung legen. Das Eigelb mit der Milch verrühren und den Teig damit bestreichen. Die Pastete im Ofen (Mitte, Umluft 160°) etwa 55 Min. braun backen.

preiswert/vegetarisch

Spanische Kartoffel-Tortillas

Für 12 Stück | 55 Min. Zubereitungszeit | 20 Min. Backen | Pro Stück ca. 140 kcal

750 g Kartoffeln | 1 Gemüsezwiebel (200 g) | 7 EL Olivenöl | Salz | schwarzer Pfeffer | 6 Eier (Größe M) | 3 EL Sherry-Essig | 400 g Tomaten | 1 rote Paprikaschote | ½ Römersalat | beschichtete Alufolie | Muffinform

1 Die Kartoffeln schälen, waschen und in dünne Scheiben schneiden. Zwiebel schälen und fein würfeln. Den Backofen auf 200° vorheizen.

2 Die Muffinmulden mit beschichteter Alufolie auslegen. Kartoffeln, Zwiebelwürfel, bis auf 1 EL, und 3 EL Öl mischen. Mit Salz und Pfeffer würzen. In die Mulden füllen. Im Backofen (Mitte, Umluft 180°) 15 Min. backen.

3 Inzwischen Eier verquirlen und würzen. Essig, Salz und Pfeffer verrühren. 4 EL Öl unterrühren. Tomaten und Paprika waschen, putzen und würfeln. Salat putzen, waschen, trocken schleudern und in Streifen schneiden. Salatzutaten, Marinade und übrige Zwiebel mischen.

4 Die verquirlten Eier auf den Kartoffeln verteilen und weitere 20 Min. bei 200° backen. Tortillas vorsichtig aus den Mulden lösen und mit dem Salat servieren.

fürs Büfett/lässt sich gut vorbereiten

Rosenkohlpastete

Für 1 Kastenform (25 cm)
30 Min. Zubereitungszeit
45 Min. Backen
Bei 16 Stück pro Stück ca. 90 kcal

2 Eier (Größe M)
100 g Sahne
150 g Dinkelvollkornmehl
Salz
schwarzer Pfeffer
½ TL Currypulver
1 Msp. frisch geriebene Muskatnuss
1 Zwiebel
100 g Emmentaler Käse
2 lange Möhren (etwa 200 g)
300 g Rosenkohl
1 Bund Petersilie
1 TL Sojasauce

1 Die Eier mit der Sahne, dem Dinkelmehl, Salz, Pfeffer, Curry und Muskat zu einem Teig verrühren. Zugedeckt bei Zimmertemperatur 20 Min. ruhen lassen.

2 In der Zwischenzeit in einem großen Topf etwa 2 l Salzwasser zum Kochen bringen. Die Zwiebel schälen und würfeln. Den Käse reiben. Die Möhren dünn schälen. Den Rosenkohl putzen und waschen. Die Petersilie waschen, trocken schütteln und hacken.

3 1 Möhre längs achteln oder in lange Stifte schneiden und zusammen mit etwa 10 Rosenkohlröschen im sprudelnd kochenden Wasser etwa 3 Min. blanchieren. Das übrige Gemüse mit einem Schnitzelwerk oder im Blitzhacker grob raspeln und mit dem Käse, der Zwiebel, Petersilie und dem Teig verrühren. Mit Salz, Pfeffer und Sojasauce abschmecken.

4 Den Backofen auf 200° vorheizen. Die Form mit Backpapier auslegen, dabei das Papier etwas über den Rand stehen lassen. Etwa ein Viertel des Teigs in die Form füllen. 2 Möhrenstreifen darauflegen. Wieder etwas Teig, dann die Rosenkohlröschen, wieder etwas Teig und die restlichen Möhrenstreifen einschichten. Mit Teig abschließen und die Pastete im Ofen (Mitte, Umluft 180°) in 40–45 Min. goldbraun backen.

5 Die Pastete aus dem Ofen nehmen und in der Form etwa 5 Min. auskühlen lassen. An den Papierenden herausheben oder direkt aus der Form vorsichtig auf ein Kuchengitter stürzen und etwas abkühlen lassen. Das Backpapier abziehen und die Pastete in Scheiben schneiden. Die Pastete warm oder kalt servieren.

für Gäste/raffiniert

Überbackene Artischockenböden

Für 12 Stück | 15 Min. Zubereitungszeit | 20 Min. Backen
Pro Stück ca. 140 kcal

12 Artischockenböden (aus der Dose) | 1 Bund Schnittlauch | 125 g Ricotta | 1 Ei | Salz | Pfeffer | 30 g Pecorino | Fett für die Form | Muffinform

1 Artischocken abtropfen lassen. Schnittlauch waschen, trocken schütteln und in Röllchen schneiden. Ricotta und Ei verrühren, Schnittlauch unterrühren. Salzen und pfeffern. Pecorino reiben.

2 Den Backofen auf 225° vorheizen. Die Artischockenböden in die gefetteten Muffinmulden legen. Ricottafüllung auf den Artischockenböden verteilen. Mit dem geriebenen Käse bestreuen. Im vorgeheizten Backofen (oben, Umluft 200°) ca. 20 Min. überbacken.

asiatisch/scharf

Lauch-Erdnuss-Kuchen (im Bild hinten)

Für 1 Springform (26 cm ∅)
30 Min. Zubereitungszeit | 50 Min. Backen
Bei 8 Stücken pro Stück ca. 295 kcal

3 Stangen Lauch
1 EL Öl
1 EL rote Thai-Currypaste
5 Blätter Filoteig (Fertigprodukt; 40 × 60 cm)
4 EL geröstete, gesalzene Erdnüsse
4 Eier (Größe M)
400 ml Kokosmilch (aus der Dose)
4 EL Erdnussbutter
2 EL Speisestärke
Salz

1 Backofen auf 200° vorheizen. Lauch putzen, längs aufschlitzen, waschen und in Ringe schneiden.

2 Öl erhitzen. Lauch darin unter Rühren bei starker Hitze 5 Min. anbraten. Currypaste zugeben und kurz mitbraten, dann abkühlen lassen.

3 Die Form mit Backpapier auslegen. Teigblätter hineinlegen, dabei für einen Deckel etwas überhängen lassen. Den Lauch mit den Nüssen mischen und auf dem Teig verteilen.

4 Eier mit Kokosmilch, Erdnussbutter, Stärke und Salz verquirlen. Guss über die Lauchmischung gießen. Überhängenden Teig zu einem Rand formen. Dann den Kuchen im Backofen (unten, Umluft 180°) 40–50 Min. backen.

schmeckt auch kalt

Paprikaquiche (im Bild vorne)

Für 1 Springform von 26 cm ∅ (8 Stück)
45 Min. Zubereitungszeit | 1 Std. Ruhen | 55 Min. Backen
Pro Portion ca. 445 kcal

100 g kalte Butter | 100 g Mehl
100 g blütenzarte Haferflocken | 1 Eigelb | Salz
5 Paprikaschoten (rote, gelbe und grüne)
2 Zwiebeln
½ Bund Thymian
1 EL Öl | Pfeffer
150 g Bergkäse
4 Eier | 300 g Frischkäse (fettreduziert)
150 ml Milch | 3 EL Speisestärke
200 g Ajvar
Mehl zum Arbeiten

1 Butter würfeln. Mit Mehl, Haferflocken, Eigelb, Salz und 3–5 EL kaltem Wasser rasch verkneten. In Folie gewickelt 1 Std. kalt stellen. Paprikaschoten halbieren, putzen, waschen, in Streifen schneiden. Zwiebeln schälen und würfeln. Thymian waschen, trocken schütteln, die Blättchen abzupfen.

2 Öl erhitzen. Zwiebeln darin glasig werden lassen. Paprikastreifen und Thymian zugeben, 5 Min. unter Rühren anbraten, abkühlen lassen. Mit Salz und Pfeffer würzen.

3 Ofen auf 200° vorheizen, Form mit Backpapier auslegen. Teig ausrollen, in die Form legen, einen etwa 4 cm hohen Rand formen. Käse reiben, mit Gemüse mischen und auf dem Teig verteilen. Eier mit Frischkäse, Milch, Stärke, Ajvar, Salz und Pfeffer verquirlen. Den Guss darübergießen. Im Ofen (unten, Umluft 180°) 45–55 Min. backen.

griechischer Klassiker

Spanakopita

(im Bild)

Für 1 Springform (26 cm ∅) | 4 Std. Auftauen | 20 Min. Zubereitungszeit | 50 Min. Backen
Bei 8 Stück pro Stück ca. 529 kcal

900 g TK-Blattspinat
½ Bund Frühlingszwiebeln
1 Bund Petersilie
je 3 Stängel Dill und Minze
300 g Schafkäse (Feta)
4 EL Pinienkerne
3 Eier (Größe M)
300 g Joghurt
1 EL edelsüßes Paprikapulver
Salz
Pfeffer
5 Blätter Filoteig (etwa 40 x 60 cm)

1 Den Ofen auf 200° vorheizen. Den aufgetauten Spinat gut ausdrücken. Die Frühlingszwiebeln putzen, waschen und in Ringe schneiden. Kräuter waschen, trocken schütteln und hacken. Den Käse fein zerbröckeln. Alles mit Pinienkernen, Eiern und Joghurt mischen und mit Paprika, Salz und Pfeffer würzen.

2 Den Teig in die Form legen, dabei an den Seiten etwas überhängen lassen. Die Füllung darauf geben und den Teig einschlagen. Die Pastete im Ofen (unten, Umluft 180°) in etwa 40–50 Min. goldbraun backen.

gut vorzubereiten / mediterran

Cannelloni mit Radicchio

Für 8 Personen | 50 Min. Zubereitungszeit | 30 Min. Backen
Pro Portion ca. 610 kcal

600 g Radicchio | Salz
500 g Lasagneblätter
800 g Ricotta
4 Eier (Größe M)
250 g frisch geriebener Parmesan
frisch gemahlener Pfeffer
frisch geriebene Muskatnuss
2 Fleischtomaten
3 EL Butter
Basilikumblättchen zum Bestreuen

1 Den Radicchio in die einzelnen Blätter teilen. In kochendem Salzwasser in etwa 2 Min. zusammenfallen lassen. Herausnehmen, abschrecken und gut abtropfen lassen. Die Nudelblätter im Kochwasser etwa 8 Min. garen. Ebenfalls abschrecken.

2 Radicchio sehr fein hacken und mit Ricotta, Eiern und 200 g Käse verrühren. Mit Salz, Pfeffer und Muskat abschmecken. Sehr große Nudelblätter halbieren. Radicchiomasse darauf verteilen, von der Längsseite her aufrollen und in eine feuerfeste Form legen.

3 Den Backofen auf 200° vorheizen. Die Tomaten waschen und klein würfeln. Mit dem übrigen Käse auf den Nudelrollen verteilen. Die Butter in Flöckchen daraufgeben.

4 Die Cannelloni im heißen Ofen (Mitte, Umluft 180°) etwa 30 Min. backen, bis die Oberfläche gebräunt ist. Mit den Basilikumblättchen bestreuen.

macht was her

Rote-Bete-Quiche

Für 1 Springform (26 cm ∅) | 50 Min. Zubereitungszeit | 30 Min. Ruhen | 55 Min. Backen | Bei 8 Stück pro Stück ca. 350 kcal

200 g Weizenmehl | ½ TL Backpulver | 100 g Quark | 4 EL Öl | 1 Eigelb | 750 g vorgegarte Rote Bete (vakuumverpackt) | 1 EL Butter | ¼ l Gemüsebrühe | ½ Bund Majoran | Salz | Pfeffer | 100 g Tilsiter | 4 Eier (Größe M) | 200 g Schmand | 200 ml Milch | 2 EL Speisestärke | 1 Msp. frisch geriebene Muskatnuss | Mehl zum Arbeiten

1 Mehl mit Backpulver mischen. Mit Quark, Öl und Eigelb verkneten. In Folie gewickelt 30 Min. kalt stellen. Rote Bete in dünne Stifte schneiden. Butter erhitzen und die Rote Bete darin 3 Min. braten. Mit Brühe aufgießen, 5–10 Min. kochen lassen. Abgießen und abtropfen lassen.

2 Den Backofen auf 200° vorheizen. Eine Springform mit Backpapier auslegen. Majoran waschen, trocken schütteln, Blättchen abzupfen und unter die Rote Bete mischen. Mit Salz und Pfeffer würzen. Den Teig ausrollen, in die Form legen, dabei einen etwa 4 cm hohen Rand formen. Rote Bete darauf verteilen. Den Käse reiben.

3 Eier, Schmand, Milch, Stärke, Salz, Pfeffer und Muskat verquirlen und darübergießen. Den Käse darüberstreuen und die Quiche im Ofen (unten, Umluft 180°) in 45–55 Min. goldbraun backen.

Klassiker auf neue Art/braucht etwas Zeit

Pfannkuchentorte mit Mangold

Für 1 Springform (26 cm ∅)
55 Min. Zubereitungszeit
50 Min. Backen
Bei 8 Stück pro Stück ca. 340 kcal

200 g Weizenmehl
200 ml Milch
5 Eier (Größe M)
Salz
1,8 kg Mangold
2 Tomaten
4–8 mittelscharfe, eingelegte Peperoni
1 Zwiebel
2 EL Olivenöl
200 ml Gemüsebrühe
Pfeffer
250 g halbfester Ziegenkäse
Öl zum Braten

1 Mehl mit der Hälfte der Milch glatt rühren. Mit der übrigen Milch, 2 Eiern und Salz verrühren.

2 Öl in einer großen Pfanne (26 cm ∅) erhitzen. 1 Schöpfkelle Teig hineingeben und je Seite 2–3 Min. braten. Aus dem übrigen Teig nacheinander 4–5 Pfannkuchen backen.

3 Mangold waschen, Stiele entfernen und anderweitig verwenden. Die Blätter (etwa 700 g) in etwa fingerbreite Streifen schneiden. Tomaten waschen und würfeln. Peperoni in Ringe schneiden. Die Zwiebel schälen und fein würfeln.

4 Olivenöl erhitzen. Die Zwiebel darin glasig werden lassen. Mangold zugeben und 2 Min. mitdünsten. Brühe angießen, Tomaten und Peperoni unterrühren. Alles 5 Min. kochen lassen, salzen, pfeffern und abkühlen lassen.

5 Den Backofen auf 200° vorheizen. Die Form mit Backpapier auslegen. Den Käse zerbröckeln und 100 g beiseitestellen. 3 Eier und übrigen Käse unter das Gemüse mischen.

6 Pfannkuchen und Füllung abwechselnd in die Form schichten, dabei mit Pfannkuchen beginnen und mit Gemüse enden. Mit dem beiseitegelegten Käse bestreuen und im Ofen (unten, Umluft 180°) in 40–50 Min. goldbraun backen.

Spezialität aus der Normandie

Flamiche au Camembert

Für 1 Springform (26 cm ∅)
30 Min. Zubereitungszeit | 30 Min. Ruhen |
55 Min. Backen
Bei 8 Stück pro Stück ca. 490 kcal

200 g Weizenmehl
½ TL Backpulver
100 g Quark
4 EL Öl
1 Eigelb
Salz
2 Zwiebeln
1 EL Butter
500 g Camembert
200 g Sahne
2 Eier
Pfeffer
1–2 TL edelsüßes Paprikapulver
Mehl zum Arbeiten

1 Für den Quark-Öl-Teig das Mehl durchsieben, Backpulver untermischen. Mit Quark, Öl, Eigelb und Salz verkneten. In Folie gewickelt 30 Min. kalt stellen.

2 Backofen auf 200° vorheizen. Die Zwiebeln schälen und fein würfeln. Die Butter erhitzen. Die Zwiebeln darin glasig werden lassen. Camembert mit der Gabel zerdrücken, mit Zwiebeln, Sahne und Eiern verrühren. Mit Salz, Pfeffer und Paprikapulver würzen.

3 Den Teig auf einer bemehlten Arbeitsfläche etwas größer als die Form ausrollen. In die Form legen, dabei einen etwa 4 cm hohen Rand formen. Die Käsemasse darauf verteilen. Im Backofen (unten, Umluft 180°) in 45–55 Min. goldbraun backen.

gelingt leicht/für Gäste

Kürbis-Rosenkohl-Gratin

Für 4 Personen | 20 Min. Zubereitungszeit
45 Min. Backen
Pro Portion ca. 435 kcal

600 g Kürbis
500 g Rosenkohl
1 Bund Frühlingszwiebeln
Salz
frisch gemahlener Pfeffer
rosenscharfes Paprikapulver
200 g Crème fraîche
200 ml Milch
1 Bund Petersilie
50 g Walnusskerne
50 g frisch geriebener Bergkäse
1 EL Butter

1 Kürbis entkernen und schälen, Rosenkohl putzen, beides in dünne Scheiben schneiden. Die Frühlingszwiebeln waschen, putzen und mit dem Grün in feine Ringe schneiden.

2 Den Backofen auf 180° vorheizen. Kürbis, Zwiebeln und Rosenkohl mit Salz, Pfeffer und Paprika in einer hitzebeständigen Form mischen.

3 Crème fraîche mit der Milch verrühren und über das Gemüse gießen. Petersilie waschen, trocken schütteln und mit den Nüssen hacken. Mit dem Käse mischen und auf dem Gratin verteilen. Mit Butterflöckchen belegen und im Ofen (Mitte, Umluft 160°) etwa 45 Min. backen.

als Beilage/mit Salat als Hauptgericht

Süßkartoffel-Quiche

Für 1 Springform (26 cm Ø) | 55 Min. Zubereitungszeit | 55 Min. Backen
Bei 8 Stück pro Stück ca. 615 kcal

450 g TK-Blätterteig | 800 g Süßkartoffeln | Salz | 4 EL Preiselbeeren (aus dem Glas) | 4 Eier (Größe M) | 200 g Sahne | 200 ml Milch | 1 EL Speisestärke | Pfeffer | 1 Msp. frisch geriebene Muskatnuss | 3 Eiweiß | 100 g gemahlene Haselnüsse | 80 g frisch geriebener Parmesan

1 Teig auftauen lassen. Backofen auf 200° vorheizen. Süßkartoffeln schälen, in dünne Scheiben schneiden und in kochendem Salzwasser 3–5 Min. bissfest blanchieren. Herausnehmen und abtropfen lassen.

2 Form mit Backpapier auslegen. Teig in die Form geben, dabei einen etwa 4 cm hohen Rand formen. Die Hälfte der Süßkartoffeln auf dem Teig verteilen, Preiselbeerkleckse daraufsetzen und mit den übrigen Süßkartoffeln auffüllen.

3 Eier mit Sahne, Milch, Speisestärke, Salz, Pfeffer und Muskat verquirlen. Auf dem Teig verteilen. Im Backofen (unten, Umluft 180°) 35 Min. goldbraun backen.

4 Die Eiweiße steif schlagen. Nüsse und Käse unterheben. Die Masse auf die Quiche streichen und die Quiche in weiteren 10–20 Min. goldbraun überbacken.

für Gäste/mediterran

Risottoauflauf mit Spargel

Für 3–4 Personen
40 Min. Zubereitungszeit | 1 Std. Backen
Pro Portion ca. 470 kcal

1 Zwiebel
250 g grüner Spargel
3 EL Öl
200 g Risottoreis (z. B. Arborio)
etwa 1 l Gemüsebrühe
Salz
Pfeffer
1 Kugel Mozzarella (125 g)
2 Eier (Größe M)
50 g frisch geriebener Parmesan

1 Die Zwiebel schälen und fein hacken. Spargel waschen und putzen. Falls nötig, im unteren Drittel schälen, Stangen dritteln.

2 In einem Topf 2 EL Öl erhitzen und die Zwiebel darin glasig dünsten. Den Spargel kurz mitbraten. Den Reis einstreuen und ebenfalls glasig dünsten.

3 Alles mit gut ⅛ l Gemüsebrühe ablöschen und fast einkochen lassen. Risotto mit Salz und Pfeffer abschmecken. Dann nach und nach gut ½ l Gemüsebrühe hinzufügen und den Reis bei schwacher Hitze in 15–20 Min. ausquellen lassen. Falls nötig, noch mehr Brühe angießen.

4 Inzwischen den Backofen auf 200° vorheizen. Eine hohe Auflaufform mit restlichem Öl auspinseln. Den Mozzarella in kleine Würfel schneiden, Eier trennen. Die Eiweiße steif schlagen, die Eigelbe unter das Risotto rühren. Eischnee vorsichtig unterheben.

5 Ein Drittel des Risottos in die vorbereitete Form geben, mit der Hälfte des Mozzarellas und des Parmesans bestreuen. Ein weiteres Drittel Risotto und den restlichen Käse einschichten und übriges Risotto darauf verteilen. Den Auflauf im Backofen (Mitte, Umluft 180°) in 50–60 Min. goldgelb backen.

schmeckt auch kalt

Tomatenpastete

Für 4 Personen | 30 Min. Zubereitungszeit | 40 Min. Backen
Pro Portion ca. 745 kcal

700 g feste Fleisch- oder Eiertomaten | 4 Knoblauchzehen | je 1 Bund Basilikum und Petersilie | 10 Blätter Minze | 400 g Schafkäse (Feta) | 200 g saure Sahne | 3 Eier (Größe M) | Salz | Pfeffer | 4 EL Olivenöl | 4 große Blätter Yufkateig (etwa 300 g) | 1 verquirltes Eigelb

1 Tomaten waschen und in dünne Scheiben schneiden. Knoblauch schälen, in hauchdünne Scheiben schneiden. Kräuter waschen, trocken schütteln und fein hacken. Den Schafkäse zerkrümeln, mit der sauren Sahne im Mixer fein pürieren. Eier und Kräuter untermischen, die Creme mit wenig Salz und Pfeffer abschmecken.

2 Backofen auf 180° vorheizen. Eine feuerfeste Form mit etwas Öl auspinseln. 1 Blatt Yufkateig zusammenklappen, in Formgröße zuschneiden und eine Hälfte hineinlegen, die andere überstehen lassen. Den Teig mit einer Lage Tomaten und Knoblauch belegen, mit etwas Käsecreme bestreichen. Überstehenden Teig darüberklappen, mit Öl bepinseln. Auf diese Art alle Zutaten in die Form schichten und mit dem Eigelb bestreichen.

3 Die Pastete im heißen Ofen (Mitte, Umluft 160°) etwa 40 Min. backen. Kurz stehen lassen, in Stücke schneiden und servieren.

herzhaft/fruchtig

Farfalle-Wirsing-Auflauf

Für 4 Personen | 40 Min. Zubereitungszeit |
30 Min. Backen
Pro Portion ca. 700 kcal

300 g Farfalle | Salz
1 Kopf Wirsing (etwa 1 kg)
1 kleine Süßkartoffel
200 g Gorgonzola
2 Orangen
150 g Crème fraîche
Cayennepfeffer
Butter für die Form

1 In einem Topf für die Nudeln reichlich Salzwasser aufkochen. In einem anderen Topf zwei Tassen Salzwasser zum Kochen bringen. Inzwischen den Wirsing putzen, Mittelrippen herausschneiden und die Blätter in dünne Streifen schneiden. Die Süßkartoffel schälen und klein würfeln.

2 Die Wirsingstreifen und die Süßkartoffelwürfel 10–15 Min. in wenig Wasser dünsten, die Nudeln in 8–10 Min. al dente kochen. Gemüse und Nudeln jeweils abgießen, kalt abschrecken und miteinander vermischen. Backofen auf 200° vorheizen.

3 Gorgonzola mit einer Gabel zerdrücken. Orangen auspressen, den Saft mit der Crème fraîche verquirlen, die Mischung mit dem Käse verrühren und mit Salz und Cayennepfeffer pikant abschmecken. Eine hohe Auflaufform ausbuttern.

4 Abwechselnd Gemüse-Nudelmischung und Gorgonzola-Creme in die Form füllen. Mit Gorgonzola-Creme abschließen. Auflauf im Backofen (Mitte, Umluft 180°) 30 Min. überbacken.

gelingt leicht/gut vorzubereiten

Nudelgratin mit Tomaten

Für 4 Personen | 35 Min. Zubereitungszeit |
15 Min. Backen
Pro Portion ca. 570 kcal

300 g Rigatoni
400 g Cocktailtomaten
4 Knoblauchzehen
8 getrocknete in Öl eingelegte Tomaten
1 EL Kapern (nach Belieben)
1 getrockneter Peperoncino
½ Bund gemischte Kräuter (z. B. Basilikum, Oregano, Thymian und Petersilie)
Salz
Pfeffer
4 EL Olivenöl
2 Kugeln Mozzarella (à 125 g)
1 EL Pinienkerne

1 Die Nudeln al dente kochen, kalt abschrecken und abtropfen lassen.

2 Die Tomaten waschen und vierteln. Den Knoblauch schälen und fein hacken. Die getrockneten Tomaten würfeln, die Kapern abtropfen lassen. Den Peperoncino zerkrümeln. Die Kräuter waschen und trocken schütteln, die Blättchen fein hacken.

3 Den Backofen auf 220° (Umluft 200°) vorheizen. Tomaten mit Knoblauch, getrockneten Tomaten, Kapern, Peperoncino und Kräutern mischen, salzen und pfeffern. Nudeln und Öl untermischen und alles in eine feuerfeste Form füllen.

4 Den Mozzarella würfeln und mit den Pinienkernen auf den Nudeln verteilen. Im heißen Ofen (Mitte) etwa 15 Min. backen.

Süßes

Süßes zum Sattessen – mit vielen Früchten, erfrischenden Milchprodukten sowie Mandeln und Nüssen können Sie sich diese Hauptgerichte und Desserts mit bestem Gewissen genüsslich auf der Zunge zergehen lassen …

feine Mehlspeise

Mohn-Schupfnudeln

Für 4 Personen
1 Std. 20 Min. Zubereitungszeit
Pro Portion ca. 715 kcal

500 g mehligkochende Kartoffeln
500 g Mehl
1 Ei
2 Prisen Salz
1 EL Zucker
1 Päckchen Vanillezucker
2 TL abgeriebene Bio-Zitronenschale
50 g Butter
70 g gemahlener Mohn
Puderzucker zum Bestreuen
Mehl für die Arbeitsfläche

1 Die Kartoffeln waschen, in etwa 20 Min. gar kochen, ausdampfen lassen und pellen. Noch heiß durch die Kartoffelpresse drücken. Mit Mehl, Ei, Salz, Zucker, Vanillezucker und Zitronenschale zu einem glatten Teig verkneten.

2 Salzwasser in einem großen Topf zum Kochen bringen. Teig auf einer bemehlten Arbeitsfläche zu fingerdicken Rollen formen. Davon kleine Stücke abschneiden und mit den Händen zu etwa 6 cm langen, spitz zulaufenden Nudeln rollen (»schupfen«). Die Nudeln ins Kochwasser geben, etwa 8 Min. bei schwacher Hitze darin ziehen lassen, herausheben und gut abtropfen lassen.

3 Butter in einer Pfanne zerlassen, Nudeln darin goldbraun anbraten. Den Mohn unterrühren. Mohn-Schupfnudeln mit Puderzucker bestreut servieren.

schmeckt auch kalt

Grießauflauf mit Beeren

Für 4 Personen
45 Min. Zubereitungszeit
1 Std. Backen
Pro Portion ca. 700 kcal

1 l Milch
Salz
1 Stückchen Bio-Zitronenschale
200 g Weichweizengrieß
250 g gemischte Beeren (z. B. Himbeeren, Brombeeren, Johannisbeeren)
4 Eier
100 g Butter
75 g Zucker
Butter für die Form
Butterflöckchen

1 Die Milch mit 1 Prise Salz und Zitronenschale aufkochen, den Grieß einstreuen und unter Rühren gar kochen. Grießbrei auskühlen lassen.

2 Die Beeren verlesen, waschen und gut abtropfen lassen. Eine Auflaufform ausbuttern. Den Backofen auf 200° vorheizen.

3 Die Eier trennen. Die Eiweiße steif schlagen. Die Butter mit dem Handrührgerät schaumig schlagen, abwechselnd Zucker einrieseln lassen und Eigelbe unterschlagen. Abgekühlten Grießbrei löffelweise zur Schaummasse rühren. Ein Drittel des Eischnees mit dem Schneebesen unterrühren, den restlichen Eischnee unterheben.

4 Die Hälfte der Auflaufmasse in die Form geben, die Hälfte der Beeren darauf verteilen, dann die restliche Masse daraufstreichen und übrige Beeren darauf legen. Auflauf mit Butterflöckchen belegen und im Backofen (Mitte, Umluft 180°) in 50–60 Min. goldbraun backen.

für Gäste/gelingt leicht

Kürbisgratin mit Amarettini

Für 4 Personen | 20 Min. Zubereitungszeit | 25 Min. Backen
Pro Portion ca. 280 kcal

100 g Amarettini
600 g Kürbis
1 saftige Orange
100 g Sahne
2 EL Zitronensaft
2 EL Amaretto (nach Belieben)
2 EL Zucker
1 Eigelb (Größe M)
1 EL Pinienkerne

1 Die Amarettini in einen Gefrierbeutel geben und mit dem Nudelholz darüberrollen, bis feine Brösel entstanden sind.

2 Den Kürbis entkernen, schälen und in kleine Würfel schneiden. Orange so schälen, dass auch die weiße Haut entfernt wird, dann filetieren.

3 Den Backofen auf 220° (Umluft 200°) vorheizen. Kürbis mit Amarettinibröseln in einer hitzebeständigen Form mischen, mit Orangenfilets belegen.

4 Die Sahne mit Zitronensaft, Amaretto, Zucker und dem Eigelb verrühren und darüber verteilen. Mit den Pinienkernen bestreuen und im Ofen (Mitte) 25 Min. backen. Dazu passt Schokoladen- oder Zitroneneis.

gelingt leicht/preiswert

Croissant-Quark-Auflauf

Für 4 Personen | 30 Min. Zubereitungszeit | 30 Min. Backen
Pro Portion ca. 550 kcal

500 g Kirschen
2 Päckchen Bourbon-Vanillezucker
2 Eier (Größe M)
1 Prise Salz
500 g Magerquark
100 g Zucker
Saft von 1 Zitrone
1 Päckchen Vanillepuddingpulver
4 Croissants (200 g; zum Fertigbacken)
2 EL Puderzucker
Butter für die Form

1 Den Backofen auf 200° (Umluft 220°) vorheizen. Die Kirschen waschen, entstielen und entsteinen. Mit dem Vanillezucker vermischen.

2 Die Eier trennen. Eiweiße mit dem Salz steif schlagen. Quark mit Eigelben, Zucker, Zitronensaft und Puddingpulver verrühren. Den Eischnee unterheben.

3 Eine Auflaufform buttern. Croissants in etwa 1 ½ cm breite Streifen schneiden, die Hälfte davon in der Form verteilen. Die Quarkmasse und die Kirschen darüber geben, übrige Croissants hineindrücken. Im Ofen (Mitte) in etwa 30 Min. goldbraun backen. Mit dem Puderzucker überstäuben.

gelingt leicht

Karibischer Reisauflauf

Für 4 Personen
20 Min. Zubereitungszeit
30 Min. Backen
Pro Portion ca. 430 kcal

1 Päckchen Instant-Milchreis
½ l Milch
1 vollreife Ananas
2 Eier (Größe M)
4 EL Zucker
30 g Kokosflocken
2 EL Semmelbrösel
Butter für die Form
Butterflöckchen

1 Instant-Milchreis nach Packungsangabe mit der Milch zubereiten, einige Minuten abkühlen lassen.

2 Die Ananas vierteln, Schale und harten Kern entfernen. Das Fruchtfleisch in Stücke schneiden. Backofen auf 200° vorheizen. Auflaufform ausbuttern.

3 Die Eier mit 2 EL Zucker schaumig schlagen, abgekühlten Reis unterrühren. Die Hälfte des Reisbreis in die Auflaufform geben und die Ananasstücke auf dem Reisbrei verteilen. Die restliche Reismischung darauf verteilen und glatt streichen.

4 Die Kokosflocken, Semmelbrösel und den restlichen Zucker mischen und auf den Reisbrei streuen. Alles mit Butterflöckchen belegen und im Backofen (Mitte, Umluft 175°) etwa 30 Min. backen.

preiswert/für Gäste

Apfelschmarrn mit Rosinen

Für 4 Personen | 30 Min. Zubereitungszeit
Pro Portion ca. 450 kcal

3 säuerliche Äpfel (z. B. Gloster, Boskop) | 2 EL Zitronensaft | 125 g Mehl | 200 ml Milch | Salz | 4 Eier (Größe M) | 50 g Rosinen | 1 TL abgeriebene Zitronenschale von 1 Bio-Zitrone | 50 g Butter | 50 g Zucker | 2 EL Apfel-Korn (ersatzweise Apfelsaft)

1 Äpfel schälen, vierteln und entkernen. Äpfel in dünne Spalten schneiden, in Wasser mit Zitronensaft legen. Mehl mit Milch und 1 Prise Salz verquirlen, Eier, Rosinen und Zitronenschale unterrühren.

2 In einer Pfanne 30 g Butter aufschäumen lassen. Apfelspalten abtropfen lassen und in der Butter 2–3 Min. andünsten. Mit Zucker bestreuen und unter Wenden leicht karamellisieren lassen. Den Teig darübergießen und einen Deckel auflegen.

3 Pfannkuchen bei schwacher Hitze etwa 10 Min. backen, dann wenden, dabei die restliche Butter in die Pfanne geben. Pfannkuchen offen noch 3 Min. braten, in der Pfanne in Stücke reißen und unter Wenden kurz weiterbraten. Mit Apfel-Korn beträufeln und heiß servieren.

TIPP

Sie können den Apfel-Korn auch selbst herstellen. Für 1 Flasche (3/8 l) 2 möglichst rotwangige Äpfel (z. B. Jonathan) gründlich waschen, Stiele und Blütenansätze entfernen, Äpfel samt Kerngehäuse klein schneiden. Mit 4 Gewürznelken in eine weithalsige Flasche füllen, 600 ml Doppelkorn darübergießen. 2–3 Wochen ziehen lassen, ab und zu schütteln. Den Extrakt durch einen Kaffeefilter gießen. 40 g Zucker mit 100 ml Wasser aufkochen und abkühlen lassen. Den Sirup zum »Apfel-Korn« rühren, in eine Flasche füllen und noch mal einige Tage ziehen lassen.

schnell/für Gäste

Topfenschmarrn mit Karamell-Pecannüssen

Für 4 Personen | 30 Min. Zubereitungszeit | Pro Portion ca. 760 kcal

4 Eier (Größe M) | 1 Prise Salz | 250 g Topfen | 100 ml Milch | 2 EL Rum (nach Belieben) | 140 g Zucker | 80 g Mehl | 6 EL Butter | 80 g Pecannüsse | 200 g Sahne

1 Backofen auf 200° (Ober- und Unterhitze) vorheizen. Eier trennen. Eiweiße mit Salz steif schlagen. Topfen mit Milch, Rum, 60 g Zucker, Eigelben und Mehl verrühren, den Eischnee unterheben.

2 In einer beschichteten großen Pfanne (Griff mit Alufolie umwickeln) 2 EL Butter zerlassen. Den Teig einfüllen, glatt streichen und im Ofen (Mitte) 6–8 Min. backen, bis die Oberfläche trocken und zartbraun ist.

3 Den luftigen Pfannkuchen vierteln und wenden. 2 EL Butter in Flöckchen darauf verteilen und im Ofen in etwa 10 Min. fertig backen.

4 Die Nüsse grob hacken. Übrige Butter zerlassen und Nüsse dazugeben, restlichen Zucker darüberstreuen und unter Rühren bei mittlerer Hitze karamellisieren lassen. Sahne dazugießen, 2–3 Min. kochen lassen. Pfannkuchen zerzupfen, mit den Karamell-Nüssen servieren.

für Gäste/fruchtig

Mascarponecreme mit Erdbeeren

(im Bild hinten)

Für 4 Personen | 25 Min. Zubereitungszeit
Pro Portion ca. 490 kcal

500 g Erdbeeren
3 EL Zucker
4 cl Orangenlikör (ersatzweise 2 EL Zitronensaft)
100 g Sahne
2 ganz frische Eigelbe
250 g Mascarpone

1 Die Erdbeeren waschen und entkelchen. Die Hälfte beiseitestellen. Die übrigen Früchte in kleine Stückchen schneiden und mit 1 EL Zucker und dem Orangenlikör marinieren.

2 Die Sahne steif schlagen. In einer Rührschüssel die Eigelbe mit 2 EL Zucker zu einer schaumigen, weißen Creme aufschlagen. Den Mascarpone unterrühren. Die marinierten Erdbeerstückchen und die Schlagsahne unterheben.

3 Die Mascarponecreme auf vier Dessertschalen verteilen und mit den verbliebenen Erdbeeren garnieren.

INFO – ROHE EIER
Rohe Eier sind potenzielle Salmonellenüberträger. Falls Sie keine verlässliche Bezugsquelle haben, ersetzen Sie die Eigelbe und 2 EL Zucker besser durch ⅛ l Eierlikör.

gut vorzubereiten/für Gäste

Panna cotta mit Himbeeren

(im Bild vorne)

Für 4 Dessertförmchen mit 150 ml Inhalt
25 Min. Zubereitungszeit | 4 Std. Kühlen
Pro Portion ca. 280 kcal

6 Blatt weiße Gelatine
200 g Sahne
300 ml Milch
2 EL Zucker
1 Vanilleschote
250 g Himbeeren
2 TL gehackte Pistazienkerne

1 Die Gelatine 10 Min. in kaltem Wasser einweichen. Die Sahne mit der Milch und dem Zucker in einem Topf erhitzen. Die Vanilleschote längs aufschlitzen, das Mark herauskratzen und dazugeben. Einmal aufkochen lassen, dann vom Herd nehmen. Die Gelatine ausdrücken und in der Sahnemilch mit einem Schneebesen vollständig auflösen. Die Panna cotta in vier Dessertförmchen füllen und in 4 Std. im Kühlschrank fest werden lassen.

2 Die Himbeeren verlesen. Die Panna cotta mit einem spitzen Messer vom Rand der Förmchen lösen, den Boden kurz in heißes Wasser tauchen und die Creme auf Dessertteller stürzen. Mit den Himbeeren umlegen und mit Pistazien bestreuen.

raffiniert/für Gäste

Kürbisdessert

Für 4 Personen | 45 Min. Zubereitungszeit
Pro Portion ca. 240 kcal

150 g getrocknete Aprikosen | 200 ml Apfelsaft | 700 g Kürbis | 1 Prise gemahlener Ingwer | 1 Prise Zimtpulver | 1 Prise gemahlene Nelken | 2 TL Honig | 100 g Sahne | 50 g gehobelte Mandeln

1 Die Aprikosen klein schneiden und in dem Apfelsaft etwa 10 Min. kochen lassen. In der Zwischenzeit den Kürbis schälen. Die faserigen Teile und die Kerne entfernen. Das Fruchtfleisch würfeln.

2 Etwa die Hälfte der Aprikosenstückchen aus dem Topf nehmen und beiseitestellen. Den Kürbis zu den verbliebenen Aprikosen in den Topf geben und in 8–10 Min. garen.

3 Den Topfinhalt pürieren. Das Püree mit Ingwer, Zimt und Nelken würzen und mit dem Honig abschmecken. Die Aprikosenstückchen wieder dazugeben. Das Püree mindestens 15 Min. abkühlen lassen.

4 Die Sahne steif schlagen und unter das Püree heben. Das Dessert mit den Mandeln garnieren und servieren.

erfrischend

Kaffeesorbet

Für 4 Personen
20 Min. Zubereitungszeit
2 Std. Kühlen
Pro Portion ca. 140 kcal

4 EL Zucker
400 ml starker Espresso
100 g Sahne

1 Eine Schüssel (am besten aus Metall) ins Tiefkühlfach stellen.

2 ½ l Wasser mit dem Zucker in einen Topf geben und 5 Min. sprudelnd kochen lassen, dann den Sirup abkühlen lassen.

3 Espresso und Zuckersirup mischen, in die Schüssel füllen und 2 Std. ins Tiefkühlfach stellen. Alle 30 Min. mit einer Gabel durchrühren.

4 Sahne steif schlagen. Die Granita mit einem angewärmten Löffel in Stielgläsern verteilen und jeweils mit einem Klecks Sahne verzieren.

TIPP
Granita di caffè ist ein feines, sommerliches Dessert. In Sizilien wird sie auch oft mit einer Brioche bereits zum Frühstück gegessen.

Klassiker/für Gourmets

Feigen in Rotwein (im Bild rechts)

Für 4 Personen | 15 Min. Zubereitungszeit | 4 Std. Kühlen
Pro Portion ca. 180 kcal

12 frische Feigen
½ l kräftiger Rotwein (z. B. Barolo)
2 EL Zucker
½ Vanilleschote
1 Zimtstange

1 Die Feigen sehr vorsichtig waschen und mit Küchenpapier abtupfen. Die Früchte samt Schale vierteln, dabei eventuell die harten Stielansätze entfernen und in eine Schüssel geben.

2 Den Rotwein mit dem Zucker, der aufgeschlitzten Vanilleschote und der Zimtstange erwärmen, aber nicht aufkochen lassen. Über die Feigen gießen und etwas abkühlen lassen, dann zugedeckt 4 Std. in den Kühlschrank stellen.

3 Zum Servieren die Vanilleschote und die Zimtstange entfernen, die Feigen und den Wein auf vier Kelchgläser verteilen und italienische Mandelkekse (Cantucci) dazureichen.

TAUSCH-TIPP
Die Feigen schmecken auch gut in Vin Santo, dann den Zucker weglassen.

raffiniert/für Gäste

Gratinierte Pfirsiche (im Bild links)

Für 4 flache Gratinförmchen
20 Min. Zubereitungszeit | 12 Min. Backen
Pro Portion ca. 195 kcal

4 reife Pfirsiche (etwa 500 g)
2 EL Zitronensaft
2 Eier
2 EL Zucker
3 EL Amaretto (nach Belieben)
2 TL geröstete Mandelsplitter
Butter für die Förmchen

1 Die Gratinförmchen mit etwas Butter ausstreichen. Den Backofen auf 220° vorheizen.

2 Die Pfirsiche kurz mit kochendem Wasser überbrühen und die Haut abziehen. Die Früchte halbieren und vom Kern lösen. Das Fruchtfleisch in schmale Spalten schneiden und dachziegelartig in die Gratinförmchen schichten. Mit etwas Zitronensaft beträufeln, damit die Pfirsiche nicht braun werden.

3 Die Eier trennen und die Eiweiße sehr steif schlagen. Die Eigelbe mit dem Zucker zu einer schaumigen, weißen Creme aufschlagen. Den Amaretto hinzufügen und den Eischnee unterheben. Die Eiercreme auf den Pfirsichen verteilen und im Backofen (Mitte, Umluft 200°) 10–12 Min. gratinieren. Wenn die Oberfläche goldbraun zu werden beginnt, die Pfirsiche herausnehmen, mit gerösteten Mandelsplittern bestreuen und warm servieren.

Glossar

Um den Einkauf zu erleichtern, finden Sie hier eine kurze Beschreibung zu etwas weniger bekannten Zutaten und Gerichten.

ACETO BALSAMICO

Der Essig mit Herkunftsbezeichnung (DOC) stammt aus den Provinzen Modena und Emilia-Romagna und wird vor allem aus der weißen Trebbiano-Traube hergestellt. Je älter er ist, desto intensiver würzt er, obwohl er gleichzeitig milder wird. Inzwischen ist auf dem Markt auch eine weiße Sorte – der Balsamico bianco. Er ist sehr mild, wird aber nicht nach dem traditionellen Verfahren hergestellt.

BÄRLAUCH

Er ist mit dem Knoblauch verwandt und hat ein ähnliches, allerdings milderes Aroma. Bärlauch wächst auf feuchten Wald- und Parkböden, man kann ihn aber auch im Garten anpflanzen – an einem schattigen feuchten Platz. Er vermehrt sich dann von selbst. Bärlauch erntet man im Frühling bis zur Blüte (etwa im Mai), man kann ihn aber auch im Gemüse- und Kräuterhandel kaufen. Bärlauch sieht den giftigen Maiglöckchenblättern ähnlich, die aber nicht nach Knoblauch duften. Bärlauch verträgt keine langen Garzeiten, deshalb am besten roh verwenden oder ganz zum Schluss unter warme Gerichte mischen.

BORRETSCH

Das Sommerkraut verdankt seinen Beinamen »Gurkenkraut« dem frischen Aroma. Frisch verwenden oder nur kurz miterhitzen. Junge, zarte Blätter ganz an die Speisen geben, größere haarige Blätter fein schneiden oder hacken. Passt zu Gurken-, Tomaten- und grünem Salat, Mayonnaise, Quark, kalten und warmen Saucen sowie Risotti.

CHILISCHOTEN

Egal ob die kleinen Schoten frisch oder getrocknet sind, am meisten Schärfe sitzt in den weißen Kernchen im Inneren. Wer also vorsichtig schärfen will, sollte sie unbedingt entfernen (bei frischen Chilis zusammen mit den feinen weißen Häutchen, an denen sie haften) oder zumindest nur zum Teil verwenden. Wichtig: Die Hände danach gut waschen und nicht in den Augen reiben, denn die Schärfe haftet auch an der Haut.

COUSCOUS

Speziell verarbeiteter Hartweizengrieß. Sie bekommen ihn in gut sortierten Supermärkten, in türkischen oder griechischen Lebensmittelläden. Vorgekochter (Instant)Couscous muss nicht mehr garen, sondern nur kurz quellen.

CURRYPASTE

Milde oder scharfe Paste mit verschiedenen indischen Gewürzen, die mit Öl geschmeidig und haltbar gemacht wird. Sie wird im Glas in Asienshops angeboten und hält sich ungeöffnet über Monate. Eine schnelle Würze für Saucen, Reis, Geflügel, Gemüsesalate und Eier; kann auch durch Currypulver ersetzt werden.

ESTRAGON

Es hat ein duftiges und im Sommer ausgeprägtes Aroma, das an Waldmeister mit einem Hauch von Anis erinnert. Estragon entfaltet erst beim Kochen seinen vollen Geschmack, immer vorsichtig dosieren! Passt zu hellen Saucen, Artischocken, Erbsen, Gurken und Pilzen.

GALGANT

Die Wurzel, auch Galanga oder »Siamesischer Ingwer« genannt, ist etwas größer und heller als Ingwer und hat rosarote Spitzen, schmeckt ganz anders als Ingwer. Statt Galgant können Sie auch Laos-Pulver verwenden. Galgant ist in asiatischen Läden erhältlich und lässt sich sehr gut einfrieren.

HARISSA

Paste aus scharfen oder milden roten Paprikaschoten, gewürzt mit Knoblauch, Kreuzkümmel und Salz. Olivenöl macht diese Paste geschmeidig. Harissa ist die wichtigste Würzzutat der nordafrikanischen Küche und ideal zum Würzen von Saucen und Suppen. Harissa wird sowohl in kleinen Dosen als auch in Tuben angeboten. Guter Ersatz ist Sambal oelek.

INGWER

Frisch gehackt oder gerieben würzt er mit leichter Schärfe und viel Aroma. Die frische Wurzel wie eine Kartoffel schälen und dann zerkleinern. Erhältlich mittlerweile in fast jedem größeren Supermarkt.

KAPERN

Es gibt die würzigen Knospen des Kapernstrauches, die vor der Blüte geerntet werden, auf zweierlei Arten zu kaufen: in Essigsud eingelegt oder aber in Salz konserviert. Kapern im Sud bekommt man in jedem Supermarkt, die in Salz in italienischen Feinkostgeschäften. Letztere sind wesentlich würziger und müssen immer sehr gut vom Salz befreit werden.

KERBEL

Im März kommt das zarte, feine, petersilienähnliche Kraut mit seinem süßlich frischen, leicht anisartigen Geschmack auf den Markt. Kerbel passt gut zu Suppen und feinen Saucen, Salaten, Kräuterbutter, Gurken, Erbsen, Brokkoli, Möhren und Kohlrabi.

KICHERERBSEN

Getrocknete, gelbliche haselnussförmige Erbsen mit sehr langer Garzeit. Deshalb werden sie über Nacht in reichlich kaltem Wasser eingeweicht und am nächsten Tag mit frischem Wasser 1 ½–2 Stunden gekocht. Wer Zeit sparen möchte, nimmt Dosenware. Diese finden Sie im gut sortierten Supermarkt bzw. im griechischen oder türkischen Lebensmittelladen.

KOKOSMILCH

Dickflüssige, cremige, weiße Masse aus Kokosnuss und Wasser. In der ostasiatischen Küche wird sie für Suppen und Saucen verwendet. Kokosmilch schmeckt nussig, süßlich und wird für herzhafte und süße Gerichte verwendet. Sie ist in Dosen im Asienladen oder gut sortierten Supermärkten erhältlich.

KORIANDER

Kann man als Samen oder frisch als Kraut kaufen. Dann wird es auch chinesische Petersilie oder Cilantro genannt. Ein sehr aromatisches Küchenkraut, das sehr intensiv schmeckt und besser vorsichtig dosiert werden sollte. Getrocknete Samen bekommen mehr Aroma, wenn man sie vor dem Mahlen röstet.

KREUZKÜMMEL

Wird auch Cumin genannt, die Körner ähneln dem heimischen Gartenkümmel, haben jedoch ein herbes, ganz eigenes Aroma. Frisch gemahlen entfaltet er erst sein volles Aroma. In der orientalischen Küche wird er hauptsächlich zum Würzen von Fleisch- und Fischgerichten verwendet. Erhältlich in Supermärkten und türkischen Lebensmittelläden.

MOZZARELLA

Ursprünglich wurde der feine Frischkäse aus der Milch von Büffelkühen hergestellt, heute macht man den größten Teil aus Kuhmilch. Wer Mozzarella roh essen will, sollte sich ruhig einmal einen aus Büffelmilch – »mozzarella di bufala« – leisten, er ist weicher und schmeckt einfach um vieles aromatischer.

PAELLA-REIS

Für Paella, das berühmte spanische Reisgericht, wird Rundkornreis verwendet, der viel Flüssigkeit aufnimmt, doch im Kern bissfest bleibt. Spezielle Sorten werden auf riesigen Feldern in der Lagune von Albufeira bei València, im Ebro-Delta und im Gebiet des Rio Segura bei der Stadt Calasparra angebaut. Zu den bekanntesten Reissorten dieser Region gehören Arrós de València und regionaltypische Sorten wie Senia, Bahia, Balilla, Sollana und Bomba. Sie eignen sich nicht nur für Paella, sondern auch für Milchreis und andere Gerichte mit Rundkornreis. Diese Reissorten sind im Feinkosthandel oder in gut sortierten Supermärkten erhältlich.

PATISSON

Die flachen weißen, hellgelben oder grünlichen Kürbisse werden wegen ihrer Form gerne auch »Squashs« oder »Ufos« genannt. Sie werden nicht allzu groß (am besten schmecken sie mit einem Gewicht von um die 300 g) und können mit der Schale gegessen werden. Verwendung: Die Patissons sind gedünstet und geschmort besonders fein, aber auch in Scheiben geschnitten und gebraten.

PILAW

Reis- oder Bulgurgericht aus dem Orient, das mit Fleisch, Fisch, Geflügel und/oder Gemüse zubereitet und kräftig mit Gewürzen abgeschmeckt wird.

PINIENKERNE

Die feinen aromatisch und leicht süßlich schmeckenden Kerne müssen in aufwendiger Arbeit aus den Zapfen gelöst werden und sind daher nicht ganz preiswert. Sie schmecken noch mal so gut, wenn man sie in einer Pfanne ohne Fett anröstet, bis sie goldgelb sind. Pinienkerne sind ziemlich fetthaltig, man kann sie also nicht all zu lange aufbewahren.

POLENTA

Im Gegensatz zum groben Maisgrieß Kukuruz ist der Polenta-Grieß fein gemahlen. Man isst Polenta in Italien als Beilage, macht aber auch Hauptgerichte aus ihr. Außer normaler Polenta, die eine Garzeit von etwa 30 Min. hat, gibt es Instant-Polenta, die in 5 Min. fertig ist und auch sehr gut schmeckt.

REISPAPIER

Papierdünne, aus Reismehl hergestellte Fladen, die getrocknet angeboten werden und für gefüllte Teigröllchen oder -taschen verwendet werden. Sie werden vor dem Gebrauch eingeweicht.

REISWEIN

Der chinesische heißt Shaoxinwein, der japanische Sake. Beide werden aus Reiskörnern hergestellt und sind bernsteinfarben. In Japan gibt es außerdem noch einen süßen Reiswein – Mirin, den man bei uns auch in gut sortierten Naturkostläden und Reformhäusern bekommt.

RICOTTA

Geschmack und Struktur des italienischen Frischkäses hängen vom Reifegrad ab. Frischer Ricotta tipo dolce ist mild, cremig und leicht krümelig, gereifter Ricotta secca dagegen würzig und fest. Ricotta eignet sich zum Füllen von Ravioli, Cannelloni, Calzone und Crêpes. Ersatzweise können Sie Rahm- oder Doppelrahm-Frischkäse verwenden.

RISOTTO

Das Gericht stammt wahrscheinlich aus den italienischen Provinzen Lombardei und Piemont. Risotto ist eine trockene, cremige Suppe, in der sich die Reiskörner ab einer bestimmten Garzeit und nach mehrmaligem Rühren miteinander verbinden. Durch die Freisetzung der Stärke beim Kochen ergibt sich die angenehm cremige Konsistenz. Für dieses Gericht wird italienischer Rundkornreis aus der Po-Ebene verwendet, zum Beispiel Vialone-Reis, der sich gut mit Butter und Käse verbindet oder Carnoli-Reis mit etwas festeren Körnern, der die Kochflüssigkeit optimal aufsaugt. Auch Arborio oder Avorio sind geeignete Sorten. Alle Sorten gibt es im Supermarkt.

RONDINI

Sie sehen aus wie kleine runde Zucchini, haben aber eine dunklere Schale. Rondini kocht man im Ganzen oder in Stücken und isst sie mit der Schale. Bei größeren Früchten nach dem Garen die Kerne im Inneren entfernen. Verwendung: Rondini werden gekocht, roh schmecken sie nicht. Gut passen dazu Tomatensaucen oder auch ein würziges Pesto.

RUCOLA

Das feine würzige Kraut wird auch zu den Salaten gezählt.

Man unterscheidet zwischen wildem Rucola mit langen dünnen Blättern mit sehr ausgeprägten Zacken und einem intensiven, leicht scharfen Aroma und kultiviertem Rucola mit breiteren und glatteren Blättern, die milder und nussig schmecken. Rucola kann man gut aussäen (sonniger Platz!) und von Frühling bis Herbst ernten. Nach der Blüte ist das Aroma allerdings sehr streng.

SAFRAN

Die feinen Fäden – Blütennarben einer Krokusart – sind seit jeher eine nicht gerade billige Kostbarkeit unter den Gewürzen und verlocken deswegen zu mancher Fälschung. Safranfäden werden zwischen den Fingern leicht zerrieben und in warmer Flüssigkeit angerührt, bevor sie an die Gerichte kommen. Man kann Safran auch zu Pulver vermahlen kaufen, er schmeckt dann allerdings nicht ganz so intensiv.

SAMBAL OELEK

Eine feurige Gewürzpaste aus der indonesischen Küche. Sie besteht aus zerstoßenen Chilischoten, Essig und Salz.

SCHICHTKÄSE

Schmeckt angenehm mild-säuerlich, ähnlich dem Quark und Topfen. Er ist aber aufgrund der Herstellung wesentlich kompakter und kann nach längerem Abtropfen sogar in Scheiben geschnitten werden.

SESAMÖL

Wird in der asiatischen Küche zum Garen, aber auch zum Abschmecken verwendet. Zum Verfeinern unbedingt Sesamöl aus gerösteten Samen kaufen, nur das hat den hocharomatischen, würzigen, leicht rauchigen Geschmack. Wegen seines sehr intensiven Aromas wird es nur tropfen- oder teelöffelweise als Würzöl verwendet.

SHIITAKE-PILZE

Man bekommt sie frisch und getrocknet. Getrocknete werden in warmem Wasser eingeweicht, frische mit einem feuchten Tuch sauber abgerieben. Von beiden die zähen Stiele abschneiden.

SOJASAUCE

Eine Würzsauce auf Basis fermentierter Sojabohnen. Sie wird in Asien zum Marinieren und anstelle von Salz verwendet. Helle Sojasauce ist dünnflüssiger als die dunkle.

SÜSSKARTOFFELN

Auch Bataten genannt. Schmecken wie der Name sagt mehligsüßlich und können gelb, weiß oder orangefarben sein. Wie Kartoffeln schälen und zerkleinern, die Garzeit ist etwas kürzer.

TOFU

Tofu wird aus Sojamilch hergestellt und zum Block gepresst. Er hat eine feste Konsistenz, ist eiweißreich, fett- und cholesterinarm und in der Küche sehr vielseitig einsetzbar. Es gibt ihn pur, mit Kräutern und als Räuchertofu.

WASABI

Scharfer grüner Meerrettich. Erhältlich ist es als fertige Paste in Tuben oder als Pulver, das dann mit Wasser angerührt werden muss. Wasabi ist in der japanischen Küche beliebt und zu Hause und gehört zu Sushi. Erhältlich ist Wasabi in Asienläden und in der Exotenecke im gut sortierten Supermarkt.

YUFKA-TEIGBLÄTTER

In der Türkei heißt er Yufka, in Griechenland wird er Filo genannt. Dünn ausgerollte, große Strudelteigblätter für gefüllte Pasteten, für Teigtäschchen oder -röllchen. In Folie luftdicht eingeschweißt gibt es die Teigblätter im türkischen Lebensmittelladen. Guter Ersatz ist Blätterteig.

ZITRONENGRAS

Die dünnen Stangen kann man in jedem Asienladen kaufen. Zitronengras gibt den Gerichten ein feines zitronig-limettiges Aroma. Man entfernt die äußeren Blätter, drückt die Stange etwas platt und gart sie im Ganzen mit. Oder man schneidet sie sehr fein und kann sie dann auch ohne Weiteres mitessen.

Zum Gebrauch
Damit Sie Rezepte mit bestimmten Zutaten noch schneller finden können, stehen in diesem Register zusätzlich auch beliebte Zutaten wie **Eier** oder **Tomaten** – ebenfalls alphabetisch geordnet und hervorgehoben – über den entsprechenden Rezepten.

F

G

H/I/J

K

L

M

N

O/P/Q

Die Autoren

Susanne Bodensteiner
Thidavadee Camsong
Erika Casparek-Türkkan
Dagmar von Cramm
Sebastian Dickhaut
Elisabeth Döpp
Tanja Dusy
Volker Eggers
Marion Grillparzer
Annette Heisch
Reinhardt Hess
Christina Kempe
Martina Kittler
Martina Kiel
Martina Kittler
Peter Lüffe
Bettina Matthaei
Margit Proebst
Jörn Rebbe
Dörte Rein
Pia Richardt
Bärbel Schermer
Cornelia Schinharl
Petra Schurk
Julia Skowronek
Marlisa Szwillus
Carola Wiedemann
Christian Willrich

Bildnachweis

Michael Boyny: Umschlagfoto
Studio L'EVEQUE, Tanja & Harry Bischof: S. 10 links, S. 15 links; Michael Boyny: S. 145, S. 148; Michael Brauner: S. 12 rechts, S. 22, S. 92, S. 95, S. 111, S. 133, S. 141; Fotostudio Eising: S. 34; Ulrike Holsten: S. 14 rechts, S. 16, S. 40, S. 47, S. 50, S. 58, S. 61, S. 90, S. 116, S. 136; Manfred Jahreiß, Eva Wunderlich: S. 112; Margarete Janssen: S. 43, S. 64, S. 118, S. 138; Kai Mewes: S. 4 oben, S. 4 Mitte, S. 5 oben, S. 5 Mitte, S. 8 oben links, S. 8 oben Mitte, S. 8 oben rechts, S. 9, S. 10 Mitte, S. 11 rechts, S. 11 Mitte, S. 13 rechts, S. 14 links, S. 15 rechts, S. 21, S. 27, S., S. 30, S. 38, 49, S. 63, S. 66, S. 68, S. 74, S. 76, S. 83, S. 86, S. 101; Jörn Rynio: S. 4 unten, S. 5 unten, S. 8 unten, S. 11 links, S. 12 links, S. 13 links, S. 19, S. 32, S. 37, S. 55, S. 56, S. 80, S. 84, S. 97, S. 98, S. 103, S. 106, S. 109, S. 114, S. 121, S. 123, S. 134, S. 143; Fotos mit Geschmack, Sabine Schmid & Ulrike Mader: S. 10 rechts, S. 25, S. 125, S. 127, S. 128, S. 131; Reiner Schmitz: S. 44, S. 71, S. 88

Titelbildrezept:

Grüne Kartoffeln aus dem Wok von Seite 66.

Programmleitung: Doris Birk
Leitende Redakteurin: Birgit Rademacker
Konzept, Texte und Redaktion: Dagmar Reichel, Birgit Rademacker
Lektorat: Cora Wetzstein
Korrektorat: Mischa Gallé
Layout, Typographie und Umschlaggestaltung: independent Medien-Design, München
Herstellung: Markus Plötz
Satz: Uhl + Massopust GmbH, Aalen
Reproduktion: Repro Ludwig, Zell am See
Druck und Bindung: Firmengruppe APPL, Wemding

ISBN 978-3-8338-1262-0

1. Auflage 2008

GRÄFE UND UNZER

Ein Unternehmen der
GANSKE VERLAGSGRUPPE

DAS ORIGINAL GU MIT GARANTIE

Unsere Garantie

Alle Informationen in diesem Ratgeber sind sorgfältig und gewissenhaft geprüft. Sollte dennoch einmal ein Fehler enthalten sein, schicken Sie uns das Buch mit dem entsprechenden Hinweis an unseren Leserservice zurück. Wir tauschen Ihnen den GU-Ratgeber gegen einen anderen zum gleichen oder ähnlichen Thema um.

Liebe Leserin und lieber Leser,

wir freuen uns, dass Sie sich für ein GU-Buch entschieden haben. Mit Ihrem Kauf setzen Sie auf die Qualität, Kompetenz und Aktualität unserer Ratgeber. Dafür sagen wir Danke! Wir wollen als führender Ratgeberverlag noch besser werden. Daher ist uns Ihre Meinung wichtig. Bitte senden Sie uns Ihre Anregungen, Ihre Kritik oder Ihr Lob zu unseren Büchern. Haben Sie Fragen oder benötigen Sie weiteren Rat zum Thema? Wir freuen uns auf Ihre Nachricht!

Wir sind für Sie da!

Montag – Donnerstag: 8.00 – 18.00 Uhr;
Freitag: 8.00 – 16.00 Uhr
Tel.: 0180 - 5 00 50 54*
Fax: 0180 - 5 01 20 54*
*(0,14 €/Min. aus dem dt. Festnetz/ Mobilfunkpreise können abweichen.)
E-Mail:
leserservice@graefe-und-unzer.de

P.S.: Wollen Sie noch mehr Aktuelles von GU wissen, dann abonnieren Sie doch unseren kostenlosen GU-Online-Newsletter und/oder unsere kostenlosen Kundenmagazine.

GRÄFE UND UNZER VERLAG
Leserservice
Postfach 86 03 13
81630 München